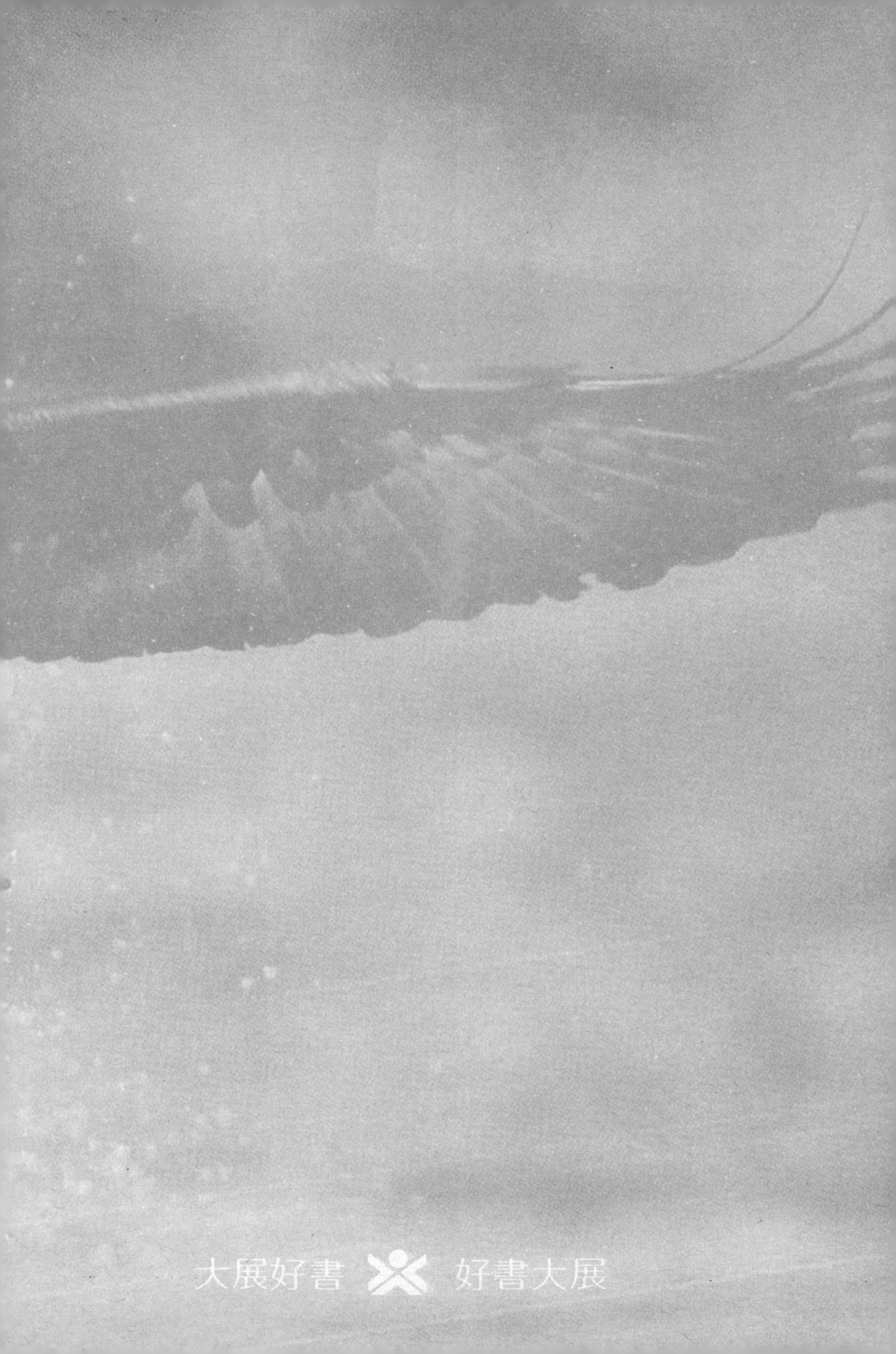
大展好書 好書大展

大展好書 好書大展

實用心理學講座

11

厚黑說服術

多湖輝／著
鐘文訓／譯

大展出版社有限公司

序

我曾經聽人這樣說：

某一公司在勞資雙方協調的會議中，由於工資的問題，令雙方陷入僵局，整個會議席上火藥味瀰漫。他們知道繼續下去，將會引發罷工、示威的行動，然而，當時的情勢高漲，彼此陷入感情用事的狀態，誰都無法平息。

正值緊張的時刻，擴音機突然發出「烤地瓜，很香的地瓜啊！」的聲音，刹那間，整個會場的人，轟然大笑，氣氛頓時緩和下來。

人類的心理，實在微妙，由於一聲烤地瓜，使得勞資雙方瞬間清醒過來，整個會議得以圓滿結束。

往後，有任何會議，大家無意間總會提起那一連串的叫賣聲，可是，未曾有人懷疑是某個經營者故意安排的。

事實上，公司方面也不知道其聲音出自何人。我們姑不論這串聲音的來源，然而，適時的播放，已深深刻入在場所有人的心中，且發揮很大的效果。

本書在說明有關「說服」一事之前，就先敍述一段偶發的妙事，是因為，此事跟說服的技巧有關。諸位讀者試想想看，播送的聲音固能緩和勞資雙方強硬的態度，然而，在達成協議之前，必定費過一番苦心的說服。

「說服」就廣義而言，乃擁有改變他人態度的話。能够使人們的心，瞬間傾向我方的主張，或給思路閉塞、感情用事的人暫時休息的機會，或當雙方僵持不下時，製造幽默的氣氛，心裏融洽，事情就比較容易解決，這些都可以說是非常優秀的說服術。

「說服」是非常不可思議的行為，有起死回生的作用，不過，有時也會被誘拐，成為對方的代辯者。

通常政治家、管理員、教師、推銷員，被認為具有高度的說服力，他們往往會在不知不覺中誘導人們傾聽他們的言論，很順利地說服對方，如同催眠術一樣操縱著傾聽者。

而且，大部分的人都是没被說服過的，可見巧妙的說服者，善於觀察對方的反應而調整話題，使他們發自內心的贊同，樂意去實行說話者的意願。

我將這種說服技巧，稱為「厚黑說服術」，因為太奇妙、太精彩，聽者的心理像是被惡魔迷住，任其擺佈。然而，讀者諸君千萬別誤解它是卑鄙的手段、可恥的行為，事實上，只要用得恰當，它是最好最善良的技術。

我年輕時，就開始學習心理學，尤其對說服的問題特別感興趣。我認為它可以成為促進人際關係的武器，因此，經常努力跟擁有卓越說服力的人接觸，考慮他們說服力的泉源，分析他們的說服力獨特的技巧，推敲他們運用的手腕，以充實我的人生閱歷。現在，我僅將自己多年來的經驗，寫成此書，希望對讀者諸君有所幫助。

優秀的說服者，一定是個熟悉人類心理的人，他們具有超群的說服術，他們不僅研究書本上的理論，更積極的運用在實際生活上，對這些活用的方法，與其稱之為「學問」，不如稱之為「術」來得恰當些。

如同，醫學是由醫術演進而來一般，心理學肇始於心理術，它們都是歷經無數次的實驗後，才成為正確的理論。

本書所介紹的各種技法，說明了心理學和心理術的逢合，相信可以裨益讀者諸君，在日常生活中發揮更大的說服力。

多湖　輝

目錄

第二章　讓對方從「無意」變爲「有意」

第三章　使對方喪失反駁的慾望

第四章　使對方自動打消要求

第五章　厚黑說服術（能使對方了解我方的意思）

第一章 巧妙地引入自己的話題中

1.不使對方受到明顯打擊的說服術

日本曾發生一件賄賂醜聞，有位高爾夫球場經營者，爲了重建已經破產的事業，而賄賂兩位法官，期使事情能順利進行。這位行賄主人竟是位現任律師，他以法律專家的身份，竟然作出這種犯法行爲。而受賄的對象，又是常須以冷靜眼光判斷善惡及價值的法官，因而在社會上掀起軒然大波。

這兩位遭到議論的法官，自己固然受到一些驚嚇，而大部分的人更對他們的判斷力起了懷疑，唯恐隨時都會陷進巧妙安排的陷阱內。實際上，行賄的律師是利用人類的心理特質。譬如，當他要贈送高爾夫球具給兩位法官時，他說：「這一套球具我沒有用到，我另外還有一套。把自己不用的東西送給你眞是件不禮貌的事，不過還是請你勉爲其難拿去用吧！」使得對方易於接受。

當打完高爾夫球要計算費用時，他又說：「這項費用算是經營者的交際費，並非賄賂。」強調這只是他的一點心意而已，事實上這就是一種賄賂行爲。

一般人聽到這項東西是對方不用的，即使是新的而且價格高昂，也會輕易接受的，這就是人類的心理特質。此外，若剛開始接受的是不重要的廉價品，日後對方若以昂貴物品賄賂時，也不會感受到太大的震驚，這也是人之常情。一般而言，法官應該比普通人對犯法更敏感才對，可是却如此輕易上了對方的當，其原因就在於被對方抓住人性的弱點。

我並非鼓勵大家賄賂，而是在說明這種說服術比滿口正義道理，或強迫別人接受不願接受之物來得有效。再例如將電流注入人體，如果一開始就以強烈電流注入人體，不論如何強壯之人，都會立即休克；但若先以弱電流注入，再慢慢增強，就不會感受到那麼大的衝擊了。與此道理一樣，如果對方賄賂的物品，由極小件開始而慢慢增大，收受者就不會覺得那些東西的大小與否。以此類推，若將總經理突然降爲普通職員，大家會覺得做得太過份了，但若先降爲課長，再降爲股長，如此一步步地降調，在他人眼中就不會覺得太意外了。一般的事情，若屬於好的，可利用電梯方式，若屬於壞的或不受人歡迎之事，還是以階梯方式較爲有效。

※若想將總經理降為普通職員，最好一級一級地往下降職。

2. 激怒而套出眞心話的說服術

我在日本曾經看過一個電視節目，節目中邀約了一百位政治家，請他們對各種問題表示自己的意見。這些人中當然也包括議員在內，每位議員都被問及核心問題，而且每個人都坐在彼此看不見的隔間內回答。

剛開始，這些議員都能冷靜地回答每個問題，但是逐漸就對主持人那種咄咄逼人的無禮問法感到不滿，有些人甚至直接提出抗議。可是主持人却視若無睹，仍繼續以其逼人的語氣，發出各種不客氣的質問。最後有些議員終於怒氣冲冲地說道：「你開什麼玩笑，竟然提出這種問題問我，我怎能回答這種問題。」說完就憤然離席，而攝影機仍緊抓住離去議員的背影不放。

觀衆也許認爲這是件偶發事件，可是據我了解那是製作單位刻意的安排，好使對方上當。那些議員們在國會或記者會的場合中，都是以一本正經的態度重覆其公式化的見解，所以那個節目的製作單位，想使他們在節目中吐露出他們的眞心話。但是這些自認爲是強者的議員，想以普通手段逼他們說出眞話，並不是件容易的事，他們仍會以其千篇一律的答案回答，所以主持人故意以咄咄逼人的態度質問他們，以誘使他們生氣。

製作單位的策略果然奏效，當那些平常在國會裏表現得很有紳士風度的議員們，一旦聽到對本身不利的質問時，立刻怒形於色，最後毫無保留地暴露出自己的感情，離席而去。

人的感情一旦爆發出來，裹在其外的硬鱗就會自然剝落，而赤裸裸表現出本性，如此一來，要使其按照自己的意思行事就易如反掌了。就說服術而言，當你了解對方眞正的心理後，就等於成功一半了。

對於諸如CIA等平日守口如瓶的情報關係者，能使他們道出眞心話而聞名的記者落合信彥先生，其採訪的秘訣，聽說是先讓對方陷於憤怒之中。一個難於追求的女性，當她對你的不實感到憤怒而打你一個耳光時，那就表示你的作戰已完成了一半，你的臉頰也許正感到一陣陣刺痛，但是甜美的日子很快就會降臨了。

＊對於擅長隱藏本心的對象，最好故意惹他生氣，使他心底產生動搖。

3.隱蔽自己缺點的說服術

我想各位之中，一定有不少人曾買到標有「謹防假冒」的贋品。能設想出這種詐欺方式的人，智慧可謂相當高了。

使用類似這種加上標簽的方法最拿手的，莫過於那些經常到各家庭推銷劣質學習教材或化粧品的缺德推銷員。他們經常會留下：「社會上有很多惡劣的業者，請注意不要上當了。」這種親切的忠告而去，使一般家庭主婦無從分辨到底誰才是眞正惡劣的推銷員。

嘴裏不斷忠告不要上當的推銷員，光臨的次數多了之後，就會另人產生「這個人足以信賴」的安全感，自然他的生意也就上門了。等到後來的新推銷員說：「這位推銷員所說的都不是實話，你們上當了。」時，一切已太晚了。同時，即使這位推銷員眞心地給大家一些忠告，却反而會遭到被趕出大門的命運。

爲了防止這種受害情況再度發生，我們將那些缺德推銷員的行爲加以分析，發現他們有個共通點，就是故意強調他人的「惡」。通常「惡人」都會刻意將惡劣的手法公開出來，再強調自己絕不會用這種手法，作出對對方不利的事。同時他會巧妙應用「好人」的心理，說：「我並不喜歡說同業的壞話，但是無可否認的，這一行裏的確有那種缺德的人，我們經常受到牽連。」將自己歸類爲「好人」，而爭取顧客的信賴感。

實際上，他們絕大部分都不屬於例外之列，但是他們會故意指責別人的壞處，使人們的注意力轉移到那邊，而使他人認爲他是例外的。

這種手法雖然被公開了，但是這種騙術仍不會絕跡的。他們會更技巧地使用這種心理戰術，大家應該更加小心留意。此外，那些眞正出於本身的親切心，而向顧客說明同業者的惡劣手法的推銷員，很可能反而被人誤會是使用前述的欺騙技倆，所以最好還是使用正攻法較佳。

※缺德的業者常說：「注意不要買到假貨啊！」以爭取購者的信任，而他所售的物品實際上就是贋品。

4.用言語、動作來採取主動的說服術

「一一〇」及「一一九」電話求救對象的警察局或消防大隊，當接到求救電話時，常會以慢條斯理的口氣對答。因爲一旦有犯罪事件或火災發生時，大部分的人都會因爲太緊張，因而話說得不得要領，所以當接受報案者能以鎮靜的口吻應對，報告者的情緒自然會穩定下來，而將眞實情況報告出來。也曾有人抱怨，當有緊急事件打求救電話時，對方的態度却顯得那麼悠閒，殊不知這是爲了讓打電話者將說話的速度減慢，而使腦中想說的整理出頭緒來，以便正確地報告出來。

如果情況不是如此，又會有什麼結果呢？譬如接電話者一接到電話，就急匆匆地問道：「失火啦？在那裏？是你家嗎？火災現場到底在那裏？你親眼看到的嗎？那邊的電話號碼是多少？不！那邊的住址是什麼？快！快！」被這麼一問，相信報告者連自己的地址都說不出了吧！

日本古今亭今輔師父的藝的極至，聽說就在於他的悠然動作及適當的說話速度。他先以極其悠閒的態度，慢慢步上高座，然後慢慢地瞥一眼在座的每一個人，才開始啓齒說話，這其間所花費的時間相當長。這就是今輔師父說話術的特徵，他的目的在於故意使想及早聽到他的話的觀衆陷入興奮狀態中，以便將他們拖進自己的話題裏。

在日常生活中，對於那些抗議我方意見的對方，應該設法慢慢鎮壓，不要直接從正面理論。唯有使對方也陷入自己的情況中才是正途，也唯有前述的技巧方能奏效。

此外，故意掏煙點火，或慢條斯理地重覆對方所說的理由，或將之記載在備忘錄裏拖延時間，也是很有效的。

對方無論內心多麼急躁，如果碰到我方慢吞吞的動作，就會逐漸失去迫切感而緩和冷靜下來。到此地步，我方取得說話主動權就很容易了。

計程車公司在處理車禍事件時，也常使用這種心理技巧，以悠閒的態度及緩慢的語調，以控制正處於激動狀態的對方，使能平心靜氣地和他交涉。說到控制，並非如大家所想的僅憑三寸不爛之舌而已，利用說話速度和動作都可達到目的。

※想說服激動的對方，應該故意以慢的動作和語調對付。

5. 力辯、佯裝自己沒錯的說服術

以前我去東南亞旅行時，曾目睹一個當地人因搶旅客的錢包而被捕的場面。當地的治安情形非常不好，所以這種事並不稀奇，可是那個被捕人所說的一些話及其舉動，却有點與衆不同。

當搶奪失敗被捕時，一般的人都會說：「對不起！請原諒。」但是這個男人不但沒有露出羞愧的表情，反而表現出「大家好奇怪哦！」的神情笑著說：「我有什麼錯呢？如果我搶到錢包拔腿就跑，這的確是不對的行徑，可是現在我人在這兒，你們沒有理由責備我。」然後又一再強調自己並沒有錯，所謂「賊比人兇」就是這樣子吧！

當然任何國家的法律都不可能採用這個歪理，所以這個男人立刻被抓走了。我們姑且不論他行爲的錯失，像他那樣一再強調自己並沒有錯，有時候也可以說服對方的。他非常明白一旦自己道歉之後，就等於承認自己的錯誤，所以他在態度上故意作出自己並沒有不對的樣子，並配合語言以說服對方。聽說在歐美各國，發生車禍時任何一方都不會先道歉，因爲先道歉的話，就等於承認自己的不對了，所以即使錯在己方，仍會一再強調自己並沒有錯，好將責任轉嫁對方。

如果輕易地承認自己的不是，將負起一切的責任，即使與自己無關的失敗也不例外，所以一再強調自己沒有錯，將對方引進自己的立場，也是一種戰法。

這時候最重要的還是要貫澈「自己沒有錯」的姿態，絕對不可以失去冷靜，尤其千萬不要說：「那麼叫我怎麼辦？」這種流於感情性的話。否則不但無法將對方拖進自己的情況，自己反而會被對方拖去。

表面上若能裝出冷靜的態度，而使對方受損，勝利一定是屬於我方的。

＊當自己有被當作惡人的可能時，如能冷靜地強調自己沒有錯，可將對方拖進自己的立場。

6. 利用「誤前提暗示」以絕迷惑的說服術

我有位朋友的太太很善於作媒，她曾信心十足地說：「不論是男性或女性，凡是那些對結婚感到迷惑的人，我有百分之百促成其好事的自信。」

有一次，他們夫妻倆到我家作客，我便請教她這方面的秘訣。根據她的說法，對那些感到迷惑的人，一開口就要問道：「你認爲是相親結婚還是戀愛結婚較好？」而不要詢問他迷惑的理由。大部分的人被詢及這個問題時，會答以其中一個答案。只要對方能選擇其一，就能藉機開口替他介紹對象，以完成他的婚姻大事。我聽了她這段話，不但覺得相當有趣，也覺得不無道理。

現在我們想想對方迷惑的理由是什麼？也許是對結婚的對象感到茫然，也許是選擇的對象太多，不知道選擇那一個而感到迷惑。所以想讓對結婚感到迷惑的人結婚，不要讓他作要不要結婚這種大的選擇，而要直接問他是相親好還是戀愛好，讓他作具體的選擇。這麼一來，等於已經討論過要不要結婚這個大前提，對方就會在相親或戀愛結婚中選擇其一。應用這種方法的例子很多，譬如對那些猶豫不決到底要不要儲蓄的人，銀行的勸導員的說服方法就是問他：「你想要定期存款還是活期存款？」

這種狀況在心理學上叫作「誤前提暗示」，日本成城大學教授掘川直義先生曾作過這方面的實驗，可說是一種跟事實類似的錯覺。掘川先生曾以一張上面有鐘的照片給刑警看，如果問他們：「這是幾點？」大家都會將正確時間（譬如時鐘上所指的十點）說出來。可是如果問道：「這是三點還是九點？」大部分的人都會答說：「聽你如此說，好像是九點。」選擇出對方所給予的兩個答案之一。在這個實驗中，當不詢以「現在幾點？」，而將選擇範圍縮小，讓其具體地選擇是三點或九點，即使兩個答案都是錯誤的，一般人還是會選擇其一的。

對於對就業或升學感到迷惑的孩子，若想使他繼續就學，最好以已決定升學為前提問他：「你要進公立學校或私立學校？」讓他作一個選擇。在具體的問題面前，抽象的大前提就顯得微不足道了。

＊對於對結婚感到迷惑的人，應該讓他選擇相親或戀愛結婚二者之一。

7. 以「最後機會」使對方及早決定的說服術

社會上有很多處事猶豫不易下決定的人，談生意時遇到這種人，最令人感到頭痛。在現代忙碌的工商社會裏，若要等到這些優柔寡斷的人作出決定，將會一事無成。因為在等待中，還會有更多的情報進入，如此一來，結論就會隨之愈來愈延長。他們這種優柔寡斷的性格到底是如何形成的呢？

其第一個原因是，「又意識」和「更意識」這兩者之間有密不可分的關係。「反正還有考慮的時間，如果再深思熟慮些，也許會有更好的結果。」，「還有充裕的時間，如果再等待下去，也許有更好的情況發生。」就是這種期待感使得他們老是猶豫不決。要讓這種人作出結論，得花費相當長的時間。所以要以某種方法暗示他，即使再拖延下去，也不可能得到比現在更好的結論。

不論還有沒有時間，也不管可不可以得到好結果，一定要給對方最後通牒，使他知道他所抱持的期待感將化爲虛有。我在此順便說明一下「最後通牒」，字典裏記載的是「爲了和平地處理紛爭所作的交涉，將己國的最後要求告知對方國家，如果對方不能接受，將會逕行採取行動的外交公文。」總之，要讓猶豫不決的對方知道這是最後的機會，以外交文書式的效力來粉碎對方的「又意識」和「更意識」。

一般人對於「最後」兩個字非常敏感。例如大拍賣中常會出現「這是最後的機會」的宣佈。說也奇怪，一看到這種字眼，過去還猶豫不決的顧客，會覺得這次不買將會吃很大的虧似的大肆購買。而且這種宣傳，對愈猶豫的顧客愈有效。

我想很多人都有因爲推銷員所說的這類話，而買下不需要的物品的經驗。作者本人自認爲是個很有決斷力的人，而且也自信不易被這種話迷惑，但是當聽到對方說：「這是最後的機會。」時，仍有現在不買似乎會吃虧的感覺。一般而言，優柔寡斷型的人很擅於計算損益，而且總是以爲「最後的是最好的」，所以要讓這種人及早決定的最好方法就是，告訴他再等下去也不會有什麼好處的。

※對優柔寡斷型的對象，最好發出最後通牒，以斷其「又意識」和「更意識」。

8.以突然沈默將對方騙入陷阱的說服術

日本作家—中尊寺住持的今東光先生以擅於說話而聞名。在文壇的會議上，當別人在說話時，在席的與會人士常會竊竊私語，但是只要輪到他說話，會場立即會寂靜下來。有一次，他被請去演講，爲了等待會場的氣氛安靜下來，靜靜站在講台上，這時場內果然逐漸安靜下來，他這才開口說道：「怎麼會這麼吵呢？請大家更安靜些。」聽衆們爲他那種傳教似的口吻笑了起來，但在不知不覺中已被拖進他的情況中了。

我雖然不敢自比今東光先生，但每當我演說時，看到席上有人私語，我便會故意放小聲音或乾脆沈默下來。這時聽衆會覺得情況有異「現在在說些什麼？」「爲什麼停下來呢？」而不得不仔細傾聽。相反的，若想與聽衆的聲量對抗，而故意放大聲音，其結果又會如何呢？大部分的情況都會成爲一個人唱獨角戲。

不只是在一個人面對多數人的演講場面如此，就是一對一的場合也是相同的。如果只顧自己滔滔不絕地說，不但不會附和其辭，甚至拿起報紙閱讀呢！對方所以會採這種態度，是因爲他知道即使如此，我方仍會繼續說下去，也就是說對方在心理上佔了優勢時，發生這種情況的例子較多。當對方知道說話的人愈想說下去，他愈會採取這種傲慢的態度。

所以對付這種對手時，如果一直用同樣的口吻說話，就會陷入對方的陷阱中，我方愈是紅著臉想說服他，對方愈會將它當成耳邊風，而採取異常冷淡的態度。我們所認眞述說的話，在對方聽來好像只是一種聲音罷了。

但是若在說話中突然放低聲音或沈默下來，使聲音發生變化，本來掩耳關閉心靈的對方，反而會靠近過來，啓開其感覺器官，仔細傾聽說者所說的話。

對方一旦採取自動想聽的態度時，就已有可能會按照我方的意思去作了。

＊當對方不注意聽我方所說的話時，應該故意作短暫性的沈默。

9.故意忽視錯誤的說服術

對軍人而言，最不名譽的事就是軍旗被偸。日本西南戰爭時，乃木希典將軍率領的聯隊旗被

現在只有兩個方法可行，
一個是脫光衣服，一個是只穿
游泳衣。

●故意將選擇的範圍縮小

到底是要穿廉價的游泳
衣攝影，還是乾脆脫光衣服
呢？

●最後才提出想讓對方選擇的結論

對猶豫不決者的

●提出不傷害對方自尊的理由

●斷定除此之外別無他法了

叛軍搶走了，當時的大元帥明治天皇並沒有責備乃木將軍，最後乃木將軍果眞作到「士爲知己者死」的境界。他爲明治天皇而殉死了，因爲他始終不曾忘懷明治對他的恩情。

每個人犯下大錯時都會產生反省之心的。例如在爭取決賽權的關鍵棒球賽中，在零比零的情況下，第九局下半無人出局，二壘上有跑者，這是一次相當好的機會。但是二壘跑者却太大意而被對方牽制封殺了，在他意志消沈地跑回球員休息區時，教練若當著其他選手前面責備他，他一定恨不得有個地洞鑽進去，情緒會愈形低落。相反的，如果教練安慰他：「沒關係，沒關係。」這位選手一定會深深反省，警惕自己以後不要太大意，而且在延長賽中，他也許會因而打支再見全壘打呢！

凡是人都會有錯，只是程度的差別罷了。上面所舉的兩個例子，是犯錯後處理方法的最佳參考例子。要責備屬下的錯誤，當然每個人都會，問題在於作法如何。

最差勁的作法就是每次都採用打罵方式。如此一來，屬下們會認爲無論是怎樣的錯誤，一定都會挨罵，所以都會抱持等待颱風過境的心理。當人類的心理習慣於某種狀態時，就不易產生慾望及創造性。同時，當感到自己應對錯誤負絕大責任時，又遭到上司的嚴厲責備的話，其對上司的信賴感將大打折扣。

擅於說服他人的人，常會善加利用對方犯錯的機會來說服。對於日常生活中的一些小錯誤，諸如小小的計算錯誤等，雖會詳加注意，但却故意忽視較大的失敗，而且相反地採用鼓勵的方式。

犯下大錯誤時，任何人都有充滿自責的心理，這時若能加以鼓勵，對方的心情將會如何自是不言可喻。犯了大錯而又沒有受到責備的人，即使在日常生活中因一點小錯誤而受責備時，心中不會產生反駁感，反會心存感謝，覺得「以後不論什麼事，我都願爲這種人認眞苦幹。」所以即使上司的要求稍微苛刻些，他仍會欣然接受。

※對方犯小錯時可以責備他，可是犯下大錯時却要故意忽視，如此將會提高對方的忠實度。

10. 以辜負禁止的期待來禁止的說服術

日本某報刊出某一名人所寫的「我家的教育法」連載記事，我曾連續看過好幾篇，對於爲人父母者爲了棘手的孩子教育問題，所作的各種努力，眞是覺得既欽佩又同情，同時也感到相當有趣味。文中也曾提及日本將棋八段芹澤博文先生家的教育方式，我覺得非常有意思，特別在此提出來供各位一讀。

有一天，芹澤八段的兒子在學校挨老師罵，回家後就大聲說道：「我恨這個老師，眞想殺了他！」芹澤八段聽了這句話便說：「你若眞的這麼恨他，殺了他也好。」隨後他又加了一句：「但是你要知道，殺死人的人也會被處死的，這點你必須考慮到。」孩子聽到父親這幾句話後，就打消了恨老師的念頭。

在我擔任顧問時，常看到類似的例子。例如有位對丈夫非常不滿的太太，爲了離婚的事而來找我商量。這位太太所期待我說的是：「還是不要離婚比較好。」「這種事還是要愼重考慮。」如果我眞如她所期待的說這些話，她就會變本加利地述說她丈夫是如何的可惡，可是我當時却說：「聽妳這麼說，妳丈夫眞不是個東西，還是趕快離婚對妳比較有利。」結果反而使她喪失了原來的心情和要求，而且她還反駁道：「不！他還不致於壞到這種地步。」

如果能夠了解人類的這種心理特徵，想說服人就不是件難事了。通常一個固執於某行動的人，其所採取的行動都是跟周遭的人背道而馳，而且自己的意志跟衆人相距愈大，他會將防禦的牆壁築得更厚，說服也就愈形困難。例如一個登上樓頂大叫「我要跳下去自殺。」的男人，就是認爲自己的行爲一定不會被周圍的人接受，所以才愈加關閉自己的心靈。

這時如果能使他的期待落空，也就是不禁止他跳下去，反而鼓勵他的自殺行爲，當然這是很難做到的，但是結果却可能是意想不到的好呢！當他聽到別人說：「好吧！你要自殺就跳下去吧！」這句完全出乎他意料的話時，會感到非常意外，心中的防禦也會因而拆除。當有人告訴我他想自殺時，我都會說：「嗯，有道理！照這種情況活下去也沒有什麼意思，還是自殺好了，我可以告訴你自殺的方法。」當「禁止」的期待落空後，人總是會喪失原來想作的心情的。

※對具有「想要死」或「想離婚」念頭的對象，鼓勵他去實行是最好的禁止方法。

11. 巧妙地敷衍對方理論的說服術

美國懸疑小說家馬克．培因的代表作「八七分局系列」，是十幾年前曾風靡一時的警探小說，後來曾拍攝為電視影集，仍然受到相當的歡迎。它是以紐約郊區為背景，描寫一群個性鮮明的刑警的活躍情況，相當緊張刺激。而我認為這系列小說的魅力，在於其以輕快節奏進行的會話。

尤其在調查場面時，嫌犯和刑警之間猶如開玩笑般的交談更是扣人心弦。嫌犯總是會巧妙地提出不在場證明，可是經過聰明刑警的技巧揭剝，不在場證明最後還是崩潰了。作者將其間的對話描寫得相當生動，令人百讀不厭。

我所以會突然提到「八七分局系列」的小說，是因為其中隱藏有說服術的要點。在日常生活中最難說服的對象就是思路清楚的人。若想以理論對付這種人，反而會陷入對方的圈套中。可是若只是默默地聽他說話，又會使他認為在心理上佔了優勢，結果又會被對方的情況拖下去。

所以對於這種難纏的對手，應該先擾亂他的情況，最好的方法就是頻繁地說著：「嗯，有道理」一類的話，以打斷對方話的流動，有時候也可以點點頭或將頭轉向別處來達成目的。當話的流動被打斷後，對方的理論思考自然就會受到打擾而露出弱點，使我方有反駁的機會。

這種心理技巧在國會的爭論場面也常被使用。政府官員在國會中，通常都照事先準備好的以假想質詢所擬的稿子宣讀，所以議員們若想攻破其理論並非易事。但是有經驗的議員都自有一套，當對方回答時，他會支吾其詞地應對著，或者故意將話題轉至別處，採取打斷對方話的流動的戰術，即使是相當習慣於質詢的政府官員，碰到這種情況時，也難免會窮於應付，最後可能說出一些原來不準備說的話。這種打斷戰法，對那些說話時思路愈暢通的對象愈有效。

※當對方以理論攻擊過來時，應該以贊同的敷衍手法來打斷對方思路的流動。

12. 唆使失敗以防止失敗的說服術

日本名演員森繁久彌先生曾演過一部相當受觀衆歡迎的「董事長」，這是描寫薪水階級生活的喜劇電影。它由於優秀的演技及巧妙抓住薪水階級心理的緣故，而獲得薪水階級的共鳴。劇中「森繁董事長」的演技的確是相當好的，但是若以劇中這位董事長的言行而言，實在算不上是個優秀的董事長，因爲他在命令屬下工作時，最後總是會說：「拜託你不要失敗。」或「要十分注意地去做。」如果不失敗當然不會有問題，可是這種說法往往反而會產生不好的結果。

像「森繁董事長」這樣，每當命令部下做事時，總是要說：「千萬不要失敗。」或「不加注意不行」。雖然這是上司深怕部下的錯誤牽連到自己，而一再地叮嚀的，但是這樣反而會使部下的精神壓力加重，因而萎縮下去。「不可以失敗」這句話對部下而言，具有「如果失敗的話」，這種負的暗示作用，所以反而會遭致失敗。此外，這種上司的態度也非常要不得，既然將事情委託對方，又不信任對方的能力，會使部下心中產生不被信任感，所以每當辦任何事情時就會產生「反正上司不信任我」的想法，因而工作態度會變得不積極。

關於這點，日本本田技研的創業者本田宗一郎先生，的確可說是相當優秀的董事長。他最得意的一句話就是：「不要怕失敗，如果怕失敗的話，將會一事無成。」。本田先生這句話不但是針對「新技術的開發需經數次失敗才能完成」而發，也是身爲上司者防止屬下失敗的最佳方法。

將一件工作完全委由一位部下負責時，這位部下的心中一定會有不安存在，所以身爲上司的人就該對他說：「不曾經歷過失敗絕對不會成功，所以你儘管放手去做，嚐嚐失敗的滋味吧！」這位受委託的部下聽到上司說可以失敗，絕不會因而按照上司的話而故意失敗。相反的，他會認為自己受到上司如此信任，而感到責任重大，大意的情況自然就會減少，而且會雄心勃勃地做一些創造性的工作。

凡為上司者，沒有一個不怕失敗的，但却有本田董事長和森繁董事長兩種截然不同的作法，其效果也迥然不同，端看你如何選擇了。

※要將工作委託部下做時，如果對他說：「儘量失敗沒有關係。」他會感覺責任加大，失敗的機會也就減少了。

13. 故意言明對方的缺點以博得信賴的說服術

我在日本曾看過一個名為「笑」的電視節目，由當代有名的相聲家們回答主持人所提的各種問題，這種需要急智的趣味節目收視率相當高。整個節目給我最強烈印象的就是，其中幾個表演者在節目進行中竟然互相惡言相向，我原以為這是刻意安排的，但仔細觀察他們的態度却是非常認眞、嚴肅的。

後來我曾就這件事請教一位日本朋友，他對我說：「這就是這節目受歡迎的原因，因爲表演者彼此都是好朋友，所以才能這麼毫無掩飾地說出自己的意見，這絕非刻意安排的。」我聽後覺得頗有同感。在兩人彼此惡言相向之後，又不會在心中留下疙瘩，必須二者間擁有強烈的信賴感方可，像這麼融洽的關係著實不太多。

在工作上，若想跟對方有更融洽的關係，或想博得他的信賴，當然不能輕易嘗試上述的方法。在工作的交際或生意交涉的對象方面，不可能立刻就能剖心置腹地商談，所以應該先觀察對方表面上的作法，如果不能突破這一層，交涉或商談都不易有所進展。所以應該就觀察所得，將對方的缺點或短處坦白提出，例如「我了解你是很擔心後果，可是你爲什麼這麼早就把結論往壞的方面想？」或者說：「對不起，我覺得你實在太過謹愼了……」經常聽到客套話或恭維話的對方，聽到你這番話一定會覺得很新鮮而驚訝不已。

就從這瞬間開始，對方對你一定會有與昔日不同的評價。他心中會覺得：「沒想到這個人竟對我觀察得這麼詳細。」因而開始對你產生信賴感。一旦說出平常難於啓齒的話，彼此的僵硬關係會因而趨於融和，對於工作上的困難問題，自然也就會朝好的方向邁進。但是要注意的一點是，當你要批評對方的缺點時，應該在言辭上採用婉轉的說法。

＊對經常聽到客套話或恭維話的對象，有時應說些不中聽的話。

14. 用動作或表情使對話的內容產生錯覺的說服術

這是我們常經歷的事，雖然對方所說的內容我們還沒完全記住，却對這個人留下奇妙的深刻印象，事後回想起來，原來是對方的「熱情的說話方式」，或「誠實的說話方式」，再加上「輔以各種手勢、表情的說話方式」迷惑了聽者，由這種方式培育出的整體印象是不易忘記的。

陌生人一起說話的場合中，不可能只留下對方話的內容在腦中，說話者所釀造出來的氣氛或是他的說話態度，都會隱約出現在話的周圍。就心理學而言，話的內容是「圖」，而說話者的說話態度是「地」，兩者都會被聽者記憶下來。同時，「圖」和「地」有時也會逆轉過來，這是心理學上的常識。

也就是說，對聽者而言，說話者的態度比話的內容佔有更大的比例，這種情況也不乏其例。這個時候，說話者的音調或動作會成爲「圖」，出現在聽者的意識前面，而話的內容却好像配樂似的，成爲「地」退居到意識後面。我們常可看到年輕女性們，常以和其情人的實際性格或談話的內容毫無關係的觀點認知他是個「溫柔體貼的人」或「很好的人」，也是因爲這個緣故。

這種心理學原理也可以應用在說服的場合。亦即一件事情的決定，話的內容並不是主要問題，重要的是要使對方產生深刻的印象及信賴感，這可以靠說話的態度達到目的。

最典型的例子就是那些情場高手追求女性時的場面，只見那些女性閃亮著眼睛凝視著正熱烈談著的男性，而他所談的內容縱使不是重要的，他仍會煞有其事地熱烈說著，例如音樂、電影及流行等都是談話的資料，當然有時也會談些有關哲學、經濟等的話題。女性即使不了解其內容，却會被說者的氣氛籠罩，而把對方認爲是個「了不起的男人」，所以話的內容實不是最重要的問題。

像這樣利用說話者的動作表情，使聽者產生深刻的印象，是說服術不可缺少的要素。

＊熱烈的說話方式，比話的內容更能抓住對方的心。

15. 不把責備視爲責備的說服術

轟動一時的IBM商業間諜事件，最先被FBI檢舉的是日本日立公司。美國政府的目的在於牽制日本企業對美國的進口，日立公司是這個目的下的犧牲品。事實上，日本富士通信公司及三菱電機公司等其他廠商，也受到這個事件很大的影響。日本國內也有許多人認爲「美國方面對日立公司的搜查作法眞不漂亮。」但是不管怎麼說，美國已經達到其預期目的了。

像這種殺雞儆猴的作法，在我們的日常生活中也常能看到。例如一個擔任中間管理職的人，經常使用掌握部下的手段就是其一。並不直接注意犯錯的部下，而故意責備其他的部下，使犯錯的本人知道自己的不對，這在心理學上叫作「暗默強化法」，我曾在其他書上介紹過。這種方法若使用得宜，比直接責備所欲攻擊的對象更有效。

如果你所統轄的部門，呈現著鬆懈的氣氛，而且犯錯的現象層出不窮時，若直接叱責那些犯錯的人，不但有礙工作的進行，而且有些人一受到責備，立刻會感到不悅，反而會有相反效果，這時不妨使用殺雞儆猴的作法，將能產生暗默強化的效果。

例如在會議席上，你可以對某個部下說：「你的聲音太小了。」或者「你的字寫得太潦草了。」指出他的缺點以警告其他多數人。

被提出缺點的部下也許會覺得沒面子，可是其他具有同樣缺點的人，聽到這種話就不會覺得只是針對被警告者，所以以後都會小心翼翼地處理公事，錯誤自然就會減少了。而且他們心中都會產生「老實說我也應該受到責備。」的警惕心理，因而形成不敢違抗你的心理。當部下有了這種心理狀態，掌握他們就不是難事了。

這種殺雞儆猴的方法要使之奏效，必須使被警告的對象和自己的心理優劣關係十分明確，才能由這種關係而波及其他人，使整個集團的氣氛改變。

＊集中攻擊某一部下，可使其他部下捲進自己的情況中。

16. 打斷對方的話以轉移其注意的說服術

前幾天我到百貨公司購物時，看到一個很有趣的場面，有個大約三歲的小孩站在玩具部前大聲叫嚷道：「我要這個！我要這個！」小孩的母親看到這種情況，便指著天花板說：「小傑，你看！飛碟。」孩子立刻停止哭泣抬頭張望，好像已經忘記剛才自己哭鬧要求的東西，不久就乖乖地被他母親牽著消失在人群中。

我把這種情形叫作「流星戰法」，這是很早以前就使用過的轉移別人注意的技巧，也就是突然說：「你看！流星！」把正集中精神於某事物的對方注意力，瞬間轉移於別的方向，以解除對方內心的緊張。就拿我所看到的剛才那一幕而言，有些母親會趕緊背起那個哭泣的孩子離開現場，再買冰淇淋或糖果誘勸他，好不容易等到孩子情緒稍微穩定下來時，身爲母親的早已經身心俱疲了。可是我所看到的這位母親，却以「流星戰法」巧妙地避開這種場面。

所謂流星戰法，當然並不是只對小孩有效，表面上看來它似乎只是騙小孩的把戲，而事實上，在心理緊張的情況下使用，往往都能收到很大的效果。在事過境遷之後，大家也許會感覺到自己受騙了，可是在當時却都會落入這個圈套中，可能是一時沒有心理準備吧！如果對象是個容易受騙的人，這種戰法更可奏效。

某公司的經營者，在跟勞工代表交涉到正是緊要關頭，已瀕臨要做確切決定時，他突然說道：「喂！先生，你的聲音相當不錯哩！好響亮哦！」使得當場的氣氛有了很大的改變，勞工代表們面面相覷著，不知該說什麼才好，整個會場陷於一片寂靜中。

這位經營者到底是不是刻意這麼做，也就是說這是不是他所採用的一種戰法，我並不知道。不過像他這樣能把對方的氣勢，一瞬間扭轉過來，的確是將「流星戰法」發揮得淋漓盡致了。

※當小孩吵著要買玩具時，你不妨也說聲：「你看！流星！」以轉移他的注意力。

17. 製造藉口以禁止對方逃避責任的說服術

有不少人其實是自己喜愛喝酒，而不願說是自己主動要去喝酒的，却推托說：「我就跟你去交際一下吧！」或說：「好吧！我陪你喝一杯。」他絕不主動邀約他人一起去喝酒，反正最後還是喝到酒就是了。事實上，這種事積極說出來並無妨，可是很奇怪的，那些愛喝酒的人，總是會採取假借其他理由的拖泥帶水態度。

具有這種性格的人，尤以日本人爲多。許多日本人都有逃避對自己行動負責的傾向。正如前述的例子一樣，反正自己不先開口，等對方召喚再去時，就成爲是在迫不得已的情況下才陪對方喝一杯的，把自己放在被動的立場。如果想說服這種對象來贊同我方的意見，必須以對方習於採用的形式來引誘對方，也就是事先設定好在事後可讓對方辯解的狀態。

具有這種逃避傾向的人，並不只限於喝酒或玩樂方面。對於工作方面，即使是他本身想如此處理，他仍會說：「這是課長的命令。」或是說：「我只是按照總經理的命令行事而已。」絕不會負起最後的責任，而將所有的責任都推卸給別人。

收受賄賂事件中的當事人，大部分都擁有這種性格。雖然明顯的這是個陷阱，可是當對方說：「你對我們公司的照顧眞是太多了，我們不知要如何來表達我們的謝意，只好以這點小東西送給你聊表我們的心意。東西雖然微薄，但請你務必要收下來。」時，他就會覺得旣然對方這麼說就該接受才對。當他有了這種藉口後，心中便不會有罪惡意識，結果就成了賄賂事件的當事人了

●把自己的話當做「名言」般說出

●故意說「有壞人存在」以引出「他人之惡」

對疑心重者的

妳聽過名心理學
家鮑家聰先生嗎？

●故意引用有權威的第三者的意見

當然也有人在
事後感到後悔……

●故意加上對自己不利的情報

。

像這種缺乏積極性，老是採取模稜兩可態度的人，若是屬於廻避責任型，就應該準備一些「理由」來解除對方的責任感，你將發現對方在不知不覺中已答應照我方意思行事了。

＊對於想逃避責任的對象，應該設法找出能解除對方責任的藉口。

18. 以大道理使其喪失抵抗感的說服術

人都擁有想相信對方的心理，但同時也有不敢相信對方的相反心理，人就在這兩種心理間徘徊。謹慎又頑固的人依據過去的經驗，不願相信的心理較佔上風，也因而影響了他的行動。雖然如此，並不是這種人就完全沒有相信他人的心理，而且可以說他們想讓對方相信的心理更強。

針對他們這種無意識的期待，應該爲他們找出「如此作，會對己對他人都有利」的理由。也就是說以他們所能了解的大道理，來觸發他們想相信他人的心理，因而將眼光轉向過來。

推銷寶石或毛皮等高價品的拿手推銷員，對猶豫不決不知要購買與否的家庭主婦，最常用的一招就是對她說：「如果妳能更漂亮些的話，妳丈夫一定會很高興。」東西固然很貴，可是這句話却會使她覺得買這件物品並不是爲她自己，而是爲了使她先生高興。在這種大道理之下，她的心理就會轉向想相信對方這邊來。

如果能再加上一句：「這種東西將來還可以高價出售，所以等於是家庭財產。」以家庭這個大名義迷惑主婦們的心，到這時候她們幾乎都會購買了。當然，這種手法並不一定是推銷員的專利。

就以豐臣秀吉有名的「收刀」這件事爲例吧！他認爲如果農民和武士不予以區分的話，下克上的風氣將永遠無法消弭，戰亂也將無法平定，那麼統治者階層就無法確立其地位了。所以爲了使農兵分離便有了收刀行動。可是當時農民常受統治者的欺騙，所以猜疑心很重，如果豐臣秀吉貿然採用強制手段的話，很可能會引發一場大戰。可是他却說：「我將把沒收下來的所有武器熔化，製成建立大佛像用的釘子，百姓們的來世將獲得保佑。而且百姓若都能專心於耕作，國土將更安全，人民也將更快樂。」

猜疑心強、行動愼重的農民，本來是反對這次行動的，可是聽到是「爲了全體人民」這種大道理，也就放棄了原來的想法，心境上也趨向於願相信對方這邊，最後終於屈服於豐臣秀吉的說服之下了。

※猶豫不決到底要不要買毛皮大衣的家庭主婦，最好以「為了先生」這個理由勸她。

19.反用對方抗拒的說服術

日本的報紙或是報導機構，每談論到老師打學生的事件時，都先認為這位老師是位「暴力老師」。即使是平日很溫和，在學生中也很有人緣的老師，只因某種原因揮手打學生，而一旦被傳播界貼上「暴力老師」的標誌，社會上就會認為這個老師經年都在揮動拳頭似的。

我們在評價一個人時，很容易受第三者為他貼上的標誌所左右，這在心理學上叫作「標誌效果」。對於被貼上標誌的人而言，心理上受到的打擊一定很大，所以當我們想讓爭論不休的對方沈默下來時，可以利用「標誌效果」使對方的心理受到打擊。使用這種方法的例子也相當多。

例如第二次世界大戰中，日本國內好戰派與反對派爭論不已時，好戰派抓住對方的把柄，稱對方是「非國民」，而對方幾乎大部分的人都噤若寒蟬無法回答。到了戰敗後，又有了一百八十度的轉變，標誌上的文句又變成「保守反動」了。但不論如何，其目的都是為了使對方心理受打擊，而強迫對方沈默下來。當然我並不贊同任意亂用「標誌效果」，可是其原理應用，在說服術上是相當有用的。

社會上有不少個性頑固不易聽他人之言的人，若想以正面進攻法說服這種人，他反而會更堅持己見。

所以應該放棄太過勉強的正面攻擊，故意對他說：「不管我怎麼說，你都不會答應的……」或是說：「反正你不會答應，我看我還是不要說算了。」讓他自己去反省。也就是說我們已將「不可能說服」的標誌貼在他身上了。人一旦被貼上標誌，會反射性地想立刻脫下這標誌。所以在被人認爲「你這個人眞頑固」，或「你是個不明理的人」時，立刻想予以反駁是人之常情，因此爲了證明自己並不是頑固或不明理的人，就不得不採取注意聽對方所說的態度了。而說服的第一步驟就是解除對方的警戒心，當對方仔細聽我們的話時，就已達到這個目的了。由此可知，有時也須利用對方的反駁心，作爲攻進對方心理的技巧。

＊對手若是頑固的人，故意讓他覺得我方並不想說服他，反而能造成說服的機會。

20. 利用第三者改善對方態度的說服術

前些日子，我從一位身居某大公司總經理的朋友處，聽到一件頗有趣味的事。最近他公司的某一課員工，愈來愈不遵守上班時間，工作效率也非常低，其營業額比其他課都少。經過我這位朋友的調查，發現原來問題出在那一課的課長身上。那位課長是位樂天派的人，對任何事物都以不拘泥的性格待之，換句話說就是個不負責的人。總經理就直接訓誡他道：「你身任管理職的人，怎麼能這個樣子呢？你應該好好以身作則才對。」那位課長只在嘴裏答應著：「是，是！」而已，事後並沒發現有改善的跡象。總經理也曾想過將他調到其他課去，可是又想到如果他始終維持這個樣子的話，不論調到那個部門，都無法提高他的戰鬥力，總經理遂決定矯正這位課長本身的行為，於是聘請了一位擅於人事管理的顧問。顧問把那位課長叫到跟前，對他說：「你本人雖然沒有問題，但是你那一課的員工却常常遲到，工作效率又不佳，我想這還得勞動你本人來改善這一課的情況。」自從那次之後，那一課就慢慢有了改善，到了現在已能夠與其他課並駕齊驅。

聽完這段敍述，我覺得非常有意思。總經理出面親自叮嚀這位課長，他雖然表面上答應：「是，是。」情況却不見改進，主要原因是他是個不負責任的人，所以心中可能認為這件事並不是他的責任。正因為不負責的人缺乏自己不對的意識，所以用言語攻擊他，就如同對牛彈琴一般。而後來聘請的那位人事管理顧問，可能很了解不負責者的性格特徵。也就是說，應該讓不負責任的人將眼光移向別人，強迫他體認到已瀕臨非自己做不可的狀況了。所以那位顧問並不直接攻擊那位課長，只是利用別人把他逼到自己不做不行的狀況中。

任何地方都有這種人存在，他們經常會準備很多理由將責任推到他人身上，所以必須設法使他無法逃避。但是若直接勸導他，他不會自覺到自己的責任，反而會予以反駁：「我並沒有錯，爲什麼要這樣怪我呢？」因此要利用第三者的缺點，逼他進入非自己行動不可的狀況中，而且在不知不覺中，他也會發覺自己原來也有缺點存在。

＊對於沒有責任感的人，應該將他逼到非自己做不可的狀況中。

21. 利用謠言使他人相信自己的說服術

日本商界最近都在談論某大公司的股票，受到謠言的影響而大幅下跌的話題。這家公司是利用信用貸款而快速成長的公司，近年來業績相當良好，幾乎無人會將股票下跌和它連想在一起。但是却因爲一些無根據的謠言，例如「這公司無法還淸貸款。」，或「這公司可能在一個月內就會倒閉了。」等四處流傳著，致使許多債權人湧到公司，經過經營者及有關銀行說明眞實情況後，才得以平靜。由這次的事件看來，謠言的確能發揮很大的效力。

我也曾從一位藝文記者那兒聽到類似的事。有一對影藝界聞名的銀色夫妻，本來感情非常好，有一家藝文雜誌却在當事人完全不知情的情況下，刊載他們的離婚消息，這對夫妻看到之後，感情竟然愈來愈壞，最後眞的離婚了。

根據那位藝文記者說，因爲那個男演員和其所屬的製片公司處於對立關係，製片公司遂故意散布這種謠言，致使一對婚姻美滿的夫妻，步上了離婚之途。

像這種刻意安排的謠言，我們姑且不論。人們經常會輕率地將不負責的謠言傳給他人，如果故意傳播的積極意識很弱的話，反而可以提高可信度，而且這種謠言會愈傳愈離譜。例如原來的內容是「××對女人特別體貼。」會變成「××對任何女人都一視同仁」，接著又被傳爲「××對女人亂來。」，最後竟變成「有數十個女人爲××而哭泣」。總之，到後來話被扭曲得連當事人都覺得訝異。

若利用這種情報傳達的方式，很輕易就可使別人相信自己敵人的壞評價。在使用技巧上，要假借是聽自第三者的話，可以說：「這是我聽別人說的，你不要再轉告他人。」或「我聽見有這麼一回事，不知道是眞的還是假的。」

至於提及的第三者，最好跟說服對象有一面之緣。如果是說者的直接傳話，將會降低可信度，若能假借毫無利害關係的第三者的話，對方相信的程度將會大大不同。

※想勝過與自己競爭激烈的公司，最好將那家公司經營不善的謠言，傳給有關連的公

司聽。

說服名言集(一)

◇阿諛之辭是虛榮心世界才能通用的假鈔。
——羅休夫科

◇任何賢人都需他人的忠言，且常能使之有效。
——托瑪斯

◇男人常教女人如何說謊，而他們對女人所說的就是謊話。
——科羅倍魯

◇潔白之人無須雄辯，因爲潔白本身就是最好的雄辯。
——強生

◇聽者無法理解，說者也一樣無法理解，即所謂的形而上學。
——波里德洛

◇憤怒對他人有害，對憤怒的本人更有害。
——托爾斯泰

◇先抓住事實，然後才任意曲解。
——馬克・吐溫

◇通常，人一抓到機會就想做壞事。
——亞里斯多德

◇借人五十元若只能得回一半，不如送他十元。
——塔瑪斯・庫拉

◇經常說寓言的人，是口才不好的證據。
——布拉耶特

◇女性發現語言，男性發現文法。
——約翰・史萊亞特。

◇女人最善變，相信女人者是大傻瓜。 ——法蘭索亞一世

◇人類所以爲人類，是因爲有了語言。 ——休答因特爾

◇餓犬只相信肉。 ——基爾霍夫

第二章
讓對方從「無意」變爲「有意」

22. 以利引誘對方答應做難事的說服術

初次登山者，當爬到山的十分之八高度時，都會感覺很累，而不願繼續往上爬。有一次，我隨登山隊爬富士山，到了差不多十分之八高度時，許多隊友果然發生這種現象。隊長一再鼓勵他們說：「再一段路程就到了，大家加油！」結果並沒發生效果，許多人正準備放棄爬上頂端的雄心時，剛好碰到一批從山頂下來的登山者，他們所說的一句話給予我們莫大的鼓勵，他們說：「哦！山上的景色真是漂亮極了，你們再爬二十分鐘，也能看到那用言語無法形容的美景了。」所有的隊友聽到這句話都變得精神百倍，不一會兒功夫就到達山頂了。

沒有登山經驗的人，常會以懷疑的口氣對登山回來的人說：「你們這樣辛辛苦苦地爬山，到底有什麼樂趣可言？」對於登山經驗豐富的人而言，登山並不是件痛苦的事，其原因除了他們曾接受過相當的訓練，而鍛鍊出強壯的體魄外，最主要的是他們比任何人了解爬至山頂時的那股感動之情。

想說服第三者時，也可以充分應用這種登山心理。美國著名的推銷指導顧問艾瑪．費西，常以下面的例子說明喚起顧客慾望的說服術。電車門口有人站著妨礙別人上下車時，如果對他說：「請你再往裏面挪一點。」結果情況不見得會改善多少，但若對他說：「裏面有位子可以坐。」大部分的人都會往裏面移動的。費西以這個例子說明，即使再麻煩的事，只要與利益有關，人們都會不厭其煩地去做。

想要發動別人做某件事時，應該讓他明顯感覺到，這次的行動將能得到具體的報酬，也就是以「利」來誘惑他。

例如要說：「喂！快把那件工作做完。」不如說：「這件工作快點完成的話，你就有多餘的時間可以騰下來了。」讓對方感覺到現在的痛苦過後，將有報酬的果實可得，對方就會不加考慮地去作了。當要向別人說明「德」之時，最好告訴他「德就是得」，對方就不會感覺到存有濃厚的說教氣氛。

✳「請別站在門口。」不如「裡面有空位可坐。」容易使人移動腳步。

23. 故作親密以打開對方心扉的說服術

日本首相中曾根康弘在訪問美國與美國總統雷根會談時，僅以名字中的一個字互稱對方，曾成爲茶餘飯後的話題。他們所以這樣簡稱對方的名字，大概是要故意強調他們的親密友好氣氛。的確，雙方必須有相當親密的關係，才會只稱呼對方的名字。在初次見面剛拿到對方的名片後，就直呼對方名字的人大概很少吧！通常都是以×教授、×先生稱呼對方，等到交往程度相當親密之後，才會簡稱對方的名字。如果是稱呼對方的綽號，就需要更親密的關係才能做到了。

就心理學來看，隨著二人的心理距離縮短，稱呼的方式會愈來愈短，而且有很多實例可證明這是項很好的說服術應用辦法。也就是說你想說服的對象，目前與你的關係並不很親密，而你又不願花費太多的時間促成和對方的親密關係，這時你就可以簡稱對方的名字以達成目的。

我有位學生曾帶著他的女朋友來拜訪我，並要求我當他們婚禮的介紹人，我當然是義不容辭地答應了，同時我還問他們認識的經過，那位女孩說：「有一天，他突然直呼我的名字，令我感到和他之間親密許多。」原來在那之前，男方都一直連名帶姓的稱呼她，自那次只呼叫她的名字之後，兩人的心理距離急速地縮短了。

他們原來只是普通朋友而已，却因爲改變稱呼的方法，而將關係進展爲情侶。由這個例子就可以明白，稱呼方法對心理的影響有多大了。

對方很不易向我方打開心扉，往往是因爲感覺彼此的距離太遠了，如果能夠自然地改變稱呼，使他覺得雙方關係親密，問題就較易解決了。日本故佐藤榮作首相因爲是官僚出身，所以不易得到國民的認同感，他曾經說過：「我眞想被人稱爲阿榮。」而成爲一時的話題。現在回想起來，當時他說那句話時，並不是抱著開玩笑的心態，而是很切實的心願吧！

＊在高爾夫球場，若能直呼對方的名字，他一定會感覺很親切，而且玩得很愉快。

24. 使對方將不能認爲可能的說服術

經常會有母親對我訴苦道：「我家孩子的成績非常不理想。」我則勸她們：「孩子的能力是不可量計的，不能以成績單上成績的好壞，來判斷這個孩子的優劣，更不可以因此而責罵他。」同時也將我本身的經驗說給她們聽。

在我還是個小學生的時候，如果當天考試的成績不理想，回到家後心情沈重地將成績單遞給母親看時，她一定會說：「你眞正的實力並不只是如此而已，只是還在睡覺罷了，如果你將所有的潛力都發揮出來，成績一定會很好，而且將來還會成爲一個偉人。」

每次一碰到這種情況，母親都會這麼鼓勵我，而說也奇怪，每當我聽到母親這段話時，我的信心就會不斷湧出來。碰到難以解答的問題時，也會認爲「這種問題我一定能解答出來。」於是鼓足勇氣竭力就各角度思考，結果竟然眞被我解出來了。於是我產生了更大的信心，「媽媽說得果然不錯，我的確有很大的實力。」就這樣不知不覺中，我也成爲優秀學生之一了。

日本相聲名人橘家丹藏先生，年輕時曾對自己的技藝喪失自信，好幾次想辭去相聲工作，這時他太太勉勵他說：「你不要擔心嘛！你的相聲眞的很有趣，我相信你一定會成爲有名的相聲家。」使得他重新燃起戰鬥意志。

不論是成人抑或小孩，如果一再地對他說：「你能的，你一定能夠的。」就會成爲優良的自我暗示，而發揮出意想不到的能力，這跟自信有連帶關係，將能帶來莫大的成功。如果相反的，一再說：「你一定會失敗。」，或「這件事你一定做不成。」就會眞的失敗，而且陷入喪失自信與自我厭惡的惡循環中。

有些上司將工作交給屬下時會說：「這件工作對你來說，也許負擔稍微重了一點，但請你盡力試試看。」他的本意也許是想提高屬下的幹勁，可是却會使原來可能做到的事變得不可能做到了。因爲「你可能做不到。」這句話已先將對方的能力低估了。所以想恢復缺乏勇氣的人的自信，一定要對他說：「你一定可以做到。」

很多例子可以證明，反覆的優良暗示可以引發對方的潛在能力，而使不可能成爲可能。

※對喪失自信的對方，應反覆對他說：「你可以做到。」

25.把欲說服的對象培養爲「說服者」的說服術

某中學有個名叫A的問題學生，召集了二十幾個同伴，自認爲是他們的首領，常一起滋事生非。有好幾名老師曾經想盡各種方法，想說服這位學生，但絲毫沒有見效。不但如此，這位學生有時還會反抗老師，校方感到頭痛萬分。

新學期開始時，從別校調來一位對學生生活指導很有一套的老師。他來到後立刻開始指導問題學生A，他發現B、C兩位學生常圍繞在A身旁，這位老師的目標雖然放在A身上，卻故意要A設法勸B、C做人的道理。他對A說：「你的問題我不願意再談了，已經有很多老師嘗試過，卻都遭到失敗。不過B、C兩位同學目前還沒到達無藥可救的地步，他們還是有前途希望的。而你對B、C的將來既然不能負責，就不能隨你的意思要他們走什麼方向。我想他們現在還有改過的希望，就麻煩你說服他們，如何？」

A所領導的雖然只是個不良少年的團體，但是聽到老師這麼說，產生一種被信賴的感覺，而且自己又是居首領地位的人，於是開始進行說服B、C的工作，並要B、C脫離這個不良團體。

經過幾天後，A跑到那位指導老師跟前，面露羞赧的面容說他自己也想改過，那位老師當然感到很高興，終於挽救了A這位學生的前途。如果剛開始時採取直接說服A的辦法，而A正處於反抗時期，他一定不會接受，甚至還會加以反抗，因爲說服的內容觸到A的自我核心。

所以即使是他本人的問題，也應該採取似乎跟他無關的問題來提示他的方法。也就是說讓其本人去說服與他情況相似的人，這樣既不會傷害到其自我核心，又可以使他接觸到問題的本質，而以客觀的態度掌握整個狀況。A以第三者的立場來看B和C的作爲實在太愚笨了，進而冷靜地反省自身的作爲。

想要某個人辭職時，應用這個方法可以發揮很大效果。

＊在某個問題上，如果無法直接說服對方，可以叫他就同樣的問題去說服他人。

26. 增加會面次數比拉長會面時間更能增加親密感的說服術

世界聞名的殘障兒童教育問題專家——美國籍的路曼博士，曾發明一種被稱爲路曼法的文字教育法。概略言之，就是用粗大的字體在卡片上寫著諸如「媽咪」、「爹地」等字，用閃電式的方法，讓幼兒大略看一遍，時間絕對不能超過十秒以上。那些孩子會因爲想知道到底怎麼回事，而趣味盎然地等待著，這時就可以以一次比一次小的字體，讓他們一再地看，當然所寫的字彙範圍，也該從身邊的事物而愈來愈遠。在這種反覆作業之下，孩子們就會不知不覺地認識字了。

某傷害保險推銷員，也利用與此類似的心理作戰，而獲得超群的業績。例如拉團體保險時，應該說服公司幹部，請他答應讓其屬下的職員參加保險。但是身居幹部職位的人一定都很忙碌，沒有充裕的談話時間，一般的推銷員却認爲既然有機會和幹部見面，就該好好把握這次機會，於是也不考慮對方的時間有限，也不管另外有人來訪，只是拼命地嘮叨個不停，對方雖然礙於情面不得不裝作熱心聽的樣子，實際上內心却認爲你這人實在是個難以應付的人，因而反而會造成反效果。

可是前面所說的那位卓越推銷員，却絕不會採取這種八成沒有成功希望的方式，他所採取的是漸進的方式。他非常了解對方的心情，所以在對方還沒產生「但願這個客人趕快離去。」的想法之前，先發制人地說：「好了，我改天再來拜訪您吧！」然後便起身告辭。如此反覆幾次後，他就逐漸成爲對方的熟人了，同時也會使對方覺得「這個人可眞熱心，又來了」。

常聽說勤於動的男人最受女性歡迎，這也是同樣的道理。如果無視對方的情況，而強迫將約

●提出與說服圖內容無關的事加以誇獎

●假裝說對方有最後決定權

對自尊心很強者的

●暫時收回自己說過的話

●故意觸怒對方

會時間拉長，會引起女性的反感。相反的，勤於約會的男人，最後都能打動女人的心。

想說服初次見面或忙碌的人時，往往會認為這次的見面是最後一次的機會，因而熱心地想在這次就說服成功，結果反而成為被討厭的因素。所以我們不要徒然浪費時間，應該為下次見面的機會下功夫。很快地結束話題告辭，讓對方感到有餘韻，往往能造成下次的成功。

眞正的敵人並不是對方，而是自己的心。

※對於初次見面或忙碌的人，千萬不要試圖一次就說服他，應該利用多次的見面機會說服他。

27. 使對方感覺重負担是小負担的說服術

人在判斷事務時，往往會在無意識中將它拿來和其他事務比較。也就是說一個人被提示到某事時，他會以社會上的一般常識，也就是共通的感覺作為判斷的基準，以衡量二者的優劣，這是一般人共同的心理。

所以我們應該事先找出與一般常識背道而馳的項目，與所欲提示的正事一起提出，使對方腦中被此二件事佔滿，而僅就這兩件事選一有利者。也許所提示的那件事，在事後想起來會覺得是無法接受的要求，可是在當時兩相比較之下，卻會認爲是較有利的一方，而毫無抵抗地接受了，這就是所謂的「對比效果」。也就是說，跟意圖上的大利益比較起來，原來的不利會降至極微小，甚至還會被當作有利而接受了。

例如要調總公司的職員到分公司時，可以這麼對他說：「老實說，公司本來準備把你調到台南分公司，但是考慮到那兒對你而言太遠了，所以我向公司方面建議，把你調到新竹分公司，就請你委屈點到新竹服務吧！」不論調到那個分公司，比起在總公司服務，無疑是降級了。可是聽到對方這席話，腦中就會拿這兩個地方作比較，結果反而會慶幸沒被調到較遠處，於是欣然前往新竹分公司服務，這種行徑也是人類的正常心理。

無須搬出愛因斯坦的「相對論」，我們就可以明白世界上的一切都是相對的，而人類社會所發生的任何事情，更是沒有絕對性的評價及判斷的基準。設定某一座標軸可產生某種判斷，而利用「對比效果」的說服術正是數學上的「座標變換」方法，能將判斷的座標軸加以變換。有些圖形的方程式看起來相當複雜，經過巧妙的座標變換之後，方程式意外地將變得很簡單，這是學過數學的人都曾體驗過的經驗吧！

這種說服術的要點，在於如何選擇供對比的項目。例如前面所舉調職的例子，若是以桃園和新竹比較，對比較效果不彰，新竹和苗栗的對比效果也很淡，可是以會引起強烈拒絕反應的台南作爲對比項目，對方會毫不考慮地答應前往新竹赴任。

＊若想將屬下調到新竹分公司，可提出較遠的台南讓其比較，以收說服之效。

28. 使對方的拒絕情緒逐漸消失的說服術

對街頭募捐者或是保險的拉保人，一開口便說「不」的人，當時的心情一定不太好。以致無法簡單答「好」。這種心理葛藤不但使人說出「不」字，同時也使人全身都呈現拒絕對方的態勢。事實上，當由嘴裏說出「不」時，人體的肌肉、神經、內分泌腺都會呈現緊張狀態。

相反的，若答以肯定的「是」時，身體的生理機構自然會輕鬆起來，會變成易於接受外界事物的狀態。所以解除心理葛藤，使對方僵硬的態度變成柔軟，就可以將對方的心理準備朝「是」的方向修正。

這種心中的準備稱爲「心理組織」。通常，「不」的心理組織不可能突然變爲「是」的心理組織，必須巧妙地朝「是」的方向誘導，才會逐漸造成「是」的姿態。

會頑固拒絕他人說服的人，經常都處於「不」的心理組織狀態中，所以自然而然會呈現僵硬的表情及姿勢。對於這種人，如果一開始就提出本題，不可能打破他「不」的心理組織。所以首先應該盡量讓他輕鬆，並提出不勉強的問題，使對方反射地答出「是」這個答案。

我現在舉個示範性的例子供各位參考：

「兔子跑得比烏龜快吧！」「是。」

「兔子也會打瞌睡吧！」「是。」

「這時烏龜就能超前兔子吧！」「是。」

「結果烏龜比兔子先到達終點，所以可以說烏龜比兔子跑得快吧！」「是。」

一般女性比較無法抵抗這種說服術，所以想說服不易打開心胸的女性或態度不開朗的女性，用這種方法可收相當效果。

在頻頻答「是」的情況下，對方「不」的心理組織自然會向「是」的方向傾倒，而產生「是」的態度。這時就可利用這個機會將話導入本題，對方一定會很樂意地答出「是」來。

＊以無關緊要的問題使對方答「是」，可打消他「不」的心理念頭。

29. 擴大解釋微小的一致點的說服術

前幾天，我跟一個美國籍留學生聊天，她所說她對日本人的第一印象，令我覺得相當有意思。她說她曾聽人說過日本是個方的社會，所以她以爲日本人必定是枯燥無味的。結果她發現有許多日本人跟她一樣喜歡披頭四合唱團，因此才改變了她的想法，同時也產生了一股親切感。而她之能夠跟我很談得來，也是因爲我倆都喜歡研究心理學所致。

由以上的例子可以知道，彼此若能發現某些一致點，以此一致點爲中心將可使雙方的關係更趨密切，這也是人類的一般心理。換句話說，只要能抓住彼此的一致點，不！只要能創造出一致點，不論多麼頑固的對象，都可以說服的。因爲只要小小的一個一致點，就可以將它擴大解釋，而形成與對方多所接觸的關係。

至於一致點，可以在彼此的意見中找尋，並盡量讓對方產生這種印象。其技巧就是當對方說出的話之中，稍有與自己意見一致的地方時，立刻附和說：「對，對。」將一致點擴大，傳給對方知悉，或使小小的一致點一再出現於自己的話中，對方如果能意識到此一致點時，說服的工作可以說已成功一半了。

如果這樣還不能打開頑固對手的心胸，可以這麼對他說：「你的意思好像我倆的意見完全不同似的，可是最起碼我們想解決這個問題的想法是一致的。所以請你不要一開口就說不行，也別說不對，我們應該更進一步找出彼此的一致點。」這種說服法表面看來好像是種詭辯，但是對方會被你反覆所說的「彼此的一致點」誘導，而使得僵硬的心逐漸軟化。

此外，也可以在人的接觸關係中，強調彼此是某一同類型的人，使對方意識到大家是站在同一陣線上。例如「同年輩」、「同學」等同伴意識或同族意識皆是。像「男人與男人」、「薪水階級與薪水階級」等大題性的同伴意識，有時能激發起意外的共同感。

＊強調彼此是同學，可使對方產生親密的感覺。

30.褒獎對方的敵人使其發奮的說服術

居大企業管理職位的人當中，有不少人比我們這些心理學家更了解人的心理。前些日子，我從一位公司總經理口中聽說下面的事情。

他的公司裏有兩位年齡相仿非常能幹的職員，被稱爲公司雙雄，這裏以A君、B君代之。由於兩人之間的競爭，常能提出使總經理喜出望外的好計畫，因而可以說他們之間存著一種理性的敵對關係。A君是屬於自信型的人，最近由於他的過分矜誇自己的才能，使得同事間的人際關係產生裂痕。總經理爲了使他發奮，便對他說：「我眞佩服B君。我在和他一塊喝酒時，聽到他說他很喜歡看書，怪不得他能提出很好的計畫，大概是受書本的影響吧！當然你的計畫也是很好的，但是我對B君的計畫更感到佩服。」

這是前面也提過的「暗默強化」的應用，當人看到自己的敵人被別人誇獎（明顯的正強化）時，會感到自己受間接非難（暗默的負強化）似的。上面例子中的總經理，巧妙地利用人類這種心理，而達到說服的目的。不過使用這種說服術時，要注意的一點是，對方不關心的問題不要作爲誇獎資料。前例中，如果對A君說：「B君很受女人歡迎。」即使是始終與B君一較長短的A君，也不會對此產生任何反響。如果能確實掌握到他與敵人間對立的要素，「暗默強化」將是最有效的說服術。

此外，還需注意一點，利用這種技巧時，容易使本來就處於敵對關係的兩個人，陷入感情不睦的情況。如果總經理對A君說：「B君說你的頭腦僅屬於中上而已，並不足以爲懼，我覺得他這個人實在太自大了。」這樣的確可煽動起他們兩人的敵對心理，但是這已成爲感情性的敵對關係，而非原來的理性敵對關係，這兩人都將陷入才能浪費的狀況。

如果兩人間有明顯的差距，這種說法只會使對方認爲：「豈有此理！這個傢伙眞討厭。」而已，並不會因而產生敵對心理。

以競爭中的雙方所競爭的能力作比較，是這個技巧的必要條件。

＊對過分自信的對象，應該將與其「存在理由」有關的事，和他人作比較以刺激他。

31. 使對方負起「義理」的說服術

說服的第一步工作，就是設法使不肯表示關心的對方，將其心轉向我方。一般人對首次見面的人如推銷員等，及沒有特別關係的人，在彼此沒有義理存在，也沒有心理弱點的情況下，只憑「請買下這東西吧！」或「請跟我交往吧！」的話，絕不可能表示出他們的關心。想提高業績的推銷員，常會以與其有關係的人或有義理存在的人爲推銷對象，因爲初識者的拒絕反應常強於熟識者。

抓住毫無關係者的心的方法是，在某種意義上，讓對方感到「我若不關心的話，他未免太可憐了。」的心理負擔存在，也就是說製造一種無法輕易拒絕的「義理」。例如當對方說：「你再來也是白費時間的。」你則可以回答說：「即使是白費時間也沒關係。」讓對方感覺到你的努力，是最具效果的。這也就是一般所說的「強迫手段」，經過幾次之後，無論對方的心有多堅硬，最後還是會崩潰的，並因而將心轉向這邊。

凡是人都一樣，受到一次又一次的拜託後，便會逐漸成爲心理上的負擔，雖然剛開始所採取的是斷然拒絕的態度，可是最後還是會產生「這樣做太對不起對方了。」的難過感，態度遂逐漸軟化，在心態上也變成「下次他若再來的話，我應該認眞聽他所說的話。」當然啦！經過三次、四次……隨著拜託次數的增加，也有可能使對方覺得「這個人的臉皮眞厚！實在太不懂禮貌了。」而態度更趨硬化，彼此的關係更形惡化。如果就此死心的話，這盤棋當然就此輸定了。如果因而與對方發生爭吵的話，過去的努力都將白費了。

這個時候最好的作法，就是說聲「對不起！」而離開對方，這邊愈採這種低姿勢，對方愈會對自己的憤怒及冷淡感到內疚「我實在不該用那種話打擊他，現在倒覺得他有點可憐呢！」對方心中只要產生這種想法，就隨時有可能將其心轉向這邊。

日本歌星千昌夫在婚前每天打通國際電話給其現任太太雪巴莉，最後終於說服了她與他結爲夫婦。他每天所打的國際電話使雪巴莉小姐心中產生不能拒絕的「義理」，後來這種義理逐漸轉變成愛情，最後終於使她答應了千昌夫的求婚，這種道理是非常容易想像得到的。

※對於不表示關心的對方，應該主動去拜訪他數次，造成對方不能拒絕的義理。

32. 不知不覺中提高對方參加意識的說服術

小學校長的任務之一，就是空暇時到各教室看老師們的上課情形。根據我的看法，只要由老師責罵學生的方式中，就可以看出老師的經驗。例如當小孩們吵鬧的時候，沒有經驗的老師大多會指名責罵主要吵鬧的孩子，這時吵鬧的情況雖然暫停下來了，可是教室內卻會充滿不必要的緊張，對接下去的課程有不好的影響。

有經驗的老師絕對不會直接罵那些吵鬧的孩子，他會意圖性的指名那些吵鬧孩子附近的孩子，叫他們讀課文或回答問題。說也奇怪，這時那些正在說話的孩子會突然停止不說，而集中精神於上課內容，這可說是一種間接的說服術。既可以提高當事人對上課的參加意識，對其他同學又不會造成不必要的緊張，是種相當巧妙的作法。

開會時，這種技巧也很有用處。會議中常有出席者愈多，發言者愈集中在某些人身上的現象，而其他人經常不發表任何意見，只是表示贊成與否而已。而主席最感辛苦的就是要這些人發表意見，如果指名要某人說話的話，常無法獲得好的意見。

這些人所以會保持沈默，是因為他們對此會議的參加意識極低，要勉強這種參加意識低的人發言，當然不會有什麼好意見出現。

所以會議主席所該做的，就是提高那些沈默者的參加意識，這種心理技巧並不是直接指名欲請他發言的對象，而是故意要求坐其左右的人提出意見。

當自己左右的人發言時，當然不能不付以關心，這是人之常情。當緊張被喚起時，這種緊張才能變成積極發言的動力。如果直接指名沈默者發言，有時會引起對方的反感，而以間接說服法的話，就無需擔心這種不必要的反駁，而且這種方法有時會成為一個契機，使整個議論活潑化，所以說這眞是個一箭三鵰的說服法。

＊對於會議中不發言的人，最好是請其鄰近的人積極發言，以提高緊張感。

33. 將拒絕當作讓步的說服術

我曾在一本雜誌上看過一篇文章，是一位日本大學教授回溯從前日本發生大學紛爭時的失敗談。他說有一天他正在上課中，突然有位學生舉手要求他，就當時成爲問題的學費調整問題發表其個人意見，那位教授遂停止講課，認眞地回答他的問題，可是由於彼此的意見相去甚遠，反而無法疏通雙方的意思。現在想起來，這位學生所發問的內容和上課內容毫無關係，而且也不是立即可以回答的問題，所以那位教授當時應該說：「關於這個問題，等下課後再來問，如何？」

當對方特別情緒化或咄咄逼人地逼過來時，若想正面回答對方的質問，只會更增進彼此的衝突，這可能也正是對方所預期的，所以等於落入了對方的圈套。這時應該對問題採取迂廻方針，鎭定對方僵硬的情緒，不知不覺中將對方引進這邊的情況才對。

如果是私人的場合，你可以如此說：「我想旣然這麼困難的話，乾脆以後再談。我們先去喝一杯吧！」以這種懇求的態度應付，使對方獲得暫時性的優勢，比最後不歡而散好得多了。若是正式的場合，也可採用同樣的戰略，例如會議中有人提出爆炸性的話，而你正是這個會議的主持人，你應該先承認其發言的重大性。然後說：「可是這是個相當難以回答的問題，我無法現在立刻回答。」這樣牽制他之後，再說：「這個問題我們以後再另外找時間慢慢談，我還是希望能就本來的問題提出結論。」至於以後何時再談，也無須規定確實日子，目的就是爲了避開這個棘手的問題，以免會議的進行停下來。

對方聽到「以後再談」這句話，總比被正面拒絕舒服，心中會得到暫時的滿足感，而使僵硬的感情鎮定下來，原來的強烈姿勢也會因而迅速消失。所以想消除對方的緊張心情，最好說出一些暫時承認對方的要求或讓步的話，使對方的情緒維持均衡，這是非常重要的一點。

＊對以強勢逼近的對方，應對他說：「這個難題我們以後再談吧！」以緩和當場的緊張氣氛。

34. 加上不利情報以增加話的可信度的說服術

我曾看過一篇登於某報的讀者投書，才知道原來社會上還有這種騙局。這位受害者是位四十五歲的教師，有一天他走在路上時，突然有輛小貨車停在他身邊，他本來以為是司機要問路，結果那司機却問他要不要買西裝，只要市價的二、三成就可以買到。這位被害者不相信會有這麼廉價的西裝，遂準備不予理會繼續往前走，那位賣西裝的人又趨前小聲說：「老實說，我本來是載這些西裝到百貨公司交貨的，但是對方却認為這幾件西裝有小瑕疵，結果被退貨了，我又不好意思再載回公司，所以請幫忙，只要付一點錢就賣給你了。」

這位老師相信了他這番話，遂掏出一千元買下一套西裝。可是回到家仔細一看，才發現原來是非常粗劣的東西，對於自己的無知感到非常懊惱，便打電話到那家公司質問。

任何人對於太過甜蜜的話，一時都不敢相信，可是對方若自動說出弱點：「因為有點小毛病。」聽者都會認為：「原來如此，難怪這麼便宜。」而相信了對方的話。百貨公司大拍賣時，售貨員也是以「稍有瑕疵的貨物」的說辭吸引顧客購買。

一般人對於太過誇大其辭的話都不敢相信，可是當其中含有百分之一的眞實性時，剩下的百分之九十九的謊言就無法看穿了。

而且很奇怪的，有這種傾向的人都是知識程度較高者，也就是自信「自己決不會上他人的當」的人反而愈多。

抓住這種人的一瞬間心理空隙，是那些詐欺者所施展的技巧，而這種技巧也可應用於說服上面。例如要替人作媒時，不要一味地說：「對方是一流大學畢業的，性格又好……」。將欲介紹對象的一點不利要素說出來，意外的可使聽者非常信任你的其他說辭。

※對於疑心重的對方，應該先傳達一點自己的弱點讓對方聽，可以增加後面情報的可信度。

35.委婉地讓對方感到「良心痛苦」的說服術

日本經濟剛開始高度成長時，青島幸男先生作詞，植木等先生主唱的「明知却無奈」曾流行過一陣子，而且這句話也成爲當時社會上的流行語。

這首歌所要表達的是位愛喝酒的薪水階級，每當喝醉之後，就會醉臥於車站的候車室，他雖然明知這樣對身體不好，可是却又感到無可奈何。

明知醉臥於車站候車室對身體不好，却仍繼續這麼做下去，在類似這種情況下，人們心中多少會覺得良心上的痛苦。如果第三者不對這種心情多加斟酌，而以正義感從正面向我方攻擊的話，我們將會採取何種態度呢？

最可能的一種情況是，明知對方是出於一番好意才說出這種話，我們却會故意誤解他的意思，反而頑固地繼續下去。

換一個立場而言，如果我們要求對方承認他們的不對時，必須考慮到這種人的心理狀況。當然啦！直接責備的方法是絕對行不通的。

例如，要責備一個經常遲到的部下時，如果採取直接攻擊的辦法對他說：「喂！你到底打算怎麼樣！公司可不允許任何人有這種隨便的態度，你如此不遵守公司的規則，不覺得有何不對嗎？希望你好好反省。」我想絕對無法收到效果的。

所以倒不如利用對方的「多多少少的艮心痛苦」對他說：「我相信你一定會覺得遲到是件不對的事，我希望你能重視這種想法，不久你就會感覺到能準時上班是件多麼愉快的事。」以這種方法說服他。

人都有想要別人承認自己的強烈慾望，所以若傷害到對方的自尊心，縱使你再說出多少好聽的話，對方的心將不會為之所動。

相反的，先承認對方再說出自己的意見，絕對比任何恐嚇的話都能使對方往我們希望的方向走去。

＊想說服對方或引起對方的注意，應該說：「我想你心中也是這麼想。」來誘導他。

36. 把拒絕的理由轉換為答應理由的說服術

我有位朋友是某雜誌社的編輯，他以擅於邀約忙碌的名人爲其雜誌寫稿而聞名。他並沒有特殊的辯論技巧，但是對於對方所說的「我現在很忙，恐怕幫不上忙……」推辭，他却有一套很管用的說辭應付。

「我當然知道你很忙，可是正因爲你是個忙人，我才會要求你爲敝雜誌寫稿。對於無事可做的人，我可不敢期待會有好作品出現。」根據他說，使用這種方法眞是萬無一失，每次都能達成目的。

一般而言，當對方拒絕的理由非常淸楚的時候，要打動他使他不堅持拒絕，是件非常困難的事。尤其對方的理由是我們事先就知道，而不得不承認者，我們就更不敢啓齒拜託了。

這種人的心理守備都相當堅固，如果我們拜託道：「請盡量設法好嗎？」反而會使彼此的緊張感增強，也就更無法說服了。要使這種難攻的對象不得不答應，最好的辦法就是像前述那位編輯一樣，直接將對方拒絕的理由，轉變成誇獎對方的材料，成功的可能性必然大多了。

換句話說就是巧妙地使用對方拒絕的理由，逼對方不得不答應。對方在表面上雖然會顯露出不願接受的表情，可是事實上已樂意接受這個要求了。

利用這種心理技巧相當成功的，就是化粧品推銷員。他們知道到首次訪問的家庭推銷，所得到的答案一定是「不要」而且拒絕的理由都是：「我不要那種化粧品。」而且他們還了解，如果使容易趨於感情化的女性生氣的話，將會完全無法達到目的。

所以這些推銷員都會說：「這個我非常了解，因爲我一看到太太妳的皮膚，就知道妳不需要這種化粧品。」聽到這種話而不動心的女人眞是少之又少。如果她接著說：「可是我對夏天的太陽缺乏抵抗力。」就表示她已經準備打開錢包光顧你的生意了。

※以忙碌為理由拒絕要求的對象，最好對他說：「我就是因為你忙碌才要拜託你啊！」

37. 斷言「只有這些」而使對方也如是想的說服術

對於需要下判斷的事，如果稍有一些迷惑，就會愈來愈走進迷路，陷入無法作結論的情況，我想大家都曾有過這種經驗吧！而且到了這種時候，都會期待別人給予強而有力的建議。這種心理特性可以應用於說服術中。

例如賣傢俱的人看到顧客猶豫不決，不知該選購方桌還是圓桌好，而向顧客分析圓桌和方桌的優點，毫無疑問的，顧客將不買任何種類的桌子而打道回府。所以碰到這種情況時，應該對顧客說：「按照貴府的狀況看來，我認爲還是圓桌比較適合。相信這張桌子一擺在你家中，你家將會煥然一新。」內行的生意人都會採取這種斷定式的說法說服顧客，顧客聽到這種話將從「方桌好還是圓桌好」的迷惑中走出來，購買的心情就會油然產生。

這種斷定法是相當單純的技巧，如果能夠巧妙利用，將能操縱對方的意思。情場高手也常利用這種方法說服女性，他會對她說：「除了我之外，沒有人更適合妳了，我相信妳絕對願意和我交往，因爲妳沒有其他路可選擇啊！同時妳絕對能夠得到幸福的。」

相反的，當情場高手想和某位女性圓滿分手時，也是使用同樣方法而奏效的。他會對她說：「妳和我一起是絕對得不到幸福的，我絕非適合妳的人，所以妳該選擇的路只有一條，那就是和我分手，唯有這樣，妳才能得到幸福。」

我曾聽一位刑警說，想讓嫌疑犯供出實情的技巧之一，就是再三地說下面的話：「反正你遲早還是會吐出眞話的。凡是碰到我的人都一定會說出眞話，你也絕對無法例外。」嫌疑犯若是眞的罪犯，心中一定會有該不該說出實情的心理糾纏著。這時遭到刑警斷定法的反覆暗示，心中的牆壁就會被攻下一個洞，最後只好道出實情了。

當心中猶豫著「是這樣好還是那樣好？」時，被第三者斷定說：「你的答案只有一個。」原來的迷惑心理就會豁然開朗而偏向對方斷定的方向。

※「能使妳幸福的男人只有我。」是說服女性最有效的一句話。

38. 違反「任務期待」以解除對方警戒心的說服術

當你和一個汽車推銷員面對時，腦中首先考慮到的就是「這個人可能是想找我買車子吧！」而且對方愈是優秀的推銷員，你會認為他所推銷的是價格愈昂的車子。

像這樣由於工作或地位的關係，而使對方對你的任務有所期待，這在心理學上謂之「任務期待」。任務期待本身並不是件壞事，可是就前例汽車推銷員的立場而言，就不見得是有利的情況了。不論你是推銷汽車或是任何新產品，對方所抱持的任務期待，對你的推銷將造成阻礙。因為任務期待的先入觀念，將使對方建立起堅固的牆壁，採取防禦的姿態。所以應該故意違背對方的任務期待，以解除對方的警戒心，並培植其信賴感和安心感。

曾有這麼一個例子，有個人十年來始終開著同一部車子，未曾換過一部。近幾年來有許多汽車推銷員跟他接觸過，勸他換部新車，可是他卻固執地不答應，那是因為那些推銷員所說的「你這種老爺車很容易發生車禍。」或「像這種老爺車，修理費相當可觀吧！」這些話觸怒了他。有

●利用吃飯、喝酒等先滿足對方的生理慾求

●用慢吞吞的動作和話對付

對攻擊性的對象的

●故意讓對方知道自己沒有信心

●故意供給對方更多的攻擊目標

一天，有個中年推銷員到他家拜訪，並對他說：「我看你那部車子大概還可以使用半年吧！現在若要換部新的，眞有點可惜哩！」事實上，他心中早就想換部新車了，經推銷員這麼一說，遂決定實現這個心願，次月他就向這位與衆不同的推銷員購買了一部嶄新的汽車。

以前曾到他家推銷的推銷員，爲了推銷新車而拼命批評他的老爺車。若以客觀的立場而言，他們所說的並非言過其實，可是在車主聽來，却像是責備他似的，因而心中的牆壁愈來愈堅固，防禦的心理也愈形堅強。當那位與衆不同的推銷員出現時，他心中一定會暗暗叫道：「又來了一個推銷員，眞討厭！」可是沒想到這位推銷員却說出與衆不同的話來，使其頑強的任務期待，有了一百八十度的轉變，因而輕易地向這位推銷員的勸誘投降，而且是心甘情願的投降。像這樣違背對方的任務期待，不論其警戒心是多麼堅強，都將爲之解消。

＊故意對想換新車的對方進言道：「還早」，可以得到對方的信賴。

39. 假裝自己知道內幕以引出對方的話的說服術

我從某文藝編輯處聽到這件事，也就是他去向一位名作家邀稿的事。那位作家一向以嚴肅難於對付著稱，所以這位編輯在去他家之前，感到旣緊張又膽怯。

那次他跟那位作家的交涉果然沒有成功，因爲不論作家說什麼話，這位編輯都說：「是，是。」或者「可能是這樣的。」而無法開口說明要求他寫稿的事。在這種情況之下，他只好準備改天再來向他說明這件事，今天只好隨便聊聊天就結束這次的拜訪。

突然間他腦中閃過一本雜誌刊載有關這位作家近況的文章，於是就對作家說：「先生，聽說你有篇作品被譯爲英文在美國出版，是嗎？」這位作家猛然傾身過來說道：「是的。」編輯於是又說：「先生，你那種獨特的文體，英文不知道能不能完全表達出來？」這位作家說：「我也正擔心這一點。」接著就睜大眼睛滔滔不絕地說著，氣氛也逐漸變爲輕鬆，最後作家竟答應爲編輯寫篇稿子。

這位嚴肅不輕易啓齒的作家，爲什麼會爲了編輯的一席話，而改變了原來的態度呢？那是因爲他認爲這位編輯並不只是來要求他寫稿，而且又讀過他的文章，對他的事情非常了解，所以不能隨便地應付。反過來說，讓對方以爲自己對他的事非常清楚，就能像那位編輯一樣，在心理上佔優勢。

一般人要和名人或有頭銜的人見面時，都會產生膽怯的心理。如果在氣勢被壓倒的情況下，都會不太敢開口說明要求的事，而只會反覆地說：「這個……這個……那個……」反而傷害到對方心理的情況較多。這時不論多小的事情都沒有關係，首先要談起對方的興趣、近況等，彷佛自己對他的事非常了解似的。例如「聽說你最近戒煙了，是否眞的？」或「前幾天我在電視上看到你。」等好像沒有什麼重大意義的話，將可打開對方的心扉，將他拉進自己的情況中。

＊對於令人敬畏的對方，最好先提及他的興趣或近況，使對方產生「這人好像很了解我」的印象。

40. 使對方將「偶然」認爲是「命運」說服術

有一天，由於某種機會，我和一位拉保險業績很高的女推銷員作了一次談話。這個中年女性外表看來並不特殊，也不像是個推銷專家，說話方式甚至可以說相當木訥。剛一見面時，我非常懷疑她眞的是保險業的名推銷員嗎？

但是在聽了她說話之後，我才恍然大悟，原來她眞有一套。每當她要勸誘女性參加壽險時，她一定會強調「命運」這句話，她會說：

「我本來也不相信命運，但是我總覺得妳似乎有非加入這個保險不可的命運。」接著又說：

「前幾天我也勸一位顧客加入這個保險，就在她投保的第二個月，她先生突然去世了。這位顧客是我在街上的同一地點，連續見過三次的一位太太，因為我們有這種奇妙的見面緣份，所以才勸她投保……」

當然，她所說的並非謊言，只是事實並非在「前幾天」，而是在她開始拉保險半年後的事，所以這句話是經過某種程度的粉飾。

女性的確都有宿命論或占卜的傾向，這位女推銷員知道以這種話拉保險是相當有效的，所以後來一直延用這種宿命論作為推銷保險的武器。

在美國造成一股熱潮，最近在日本也逐漸抓到定期讀者的「剪影羅曼史」小說系列，是描寫男女間的戀愛故事。而在敍述男女相逢而相識的一幕時，最常用的就是「偶然」。例如撿到手帕的男人對手帕的主人說：「妳的長相和我的初戀情人幾乎一模一樣。」讓對方感到第二次的偶然，如果他們又能在舞會偶然見面，就會正式展開羅曼史了。這麼單純的故事，為什麼會被人們接受呢？我想大概是人類對「偶然」還感到神秘的緣故吧！人們既然無法了解自己的將來，多多少少就會依賴命運和偶然。聽到別人說：「我們這可眞是奇遇。」或「我們眞有奇妙的緣份。」時，就會有一種親密感。如果再刻意表演第二、第三次的偶然，平常不太相信命運的人也不得不接受宿命論了。

＊對於偶然故意加以強調，女性會認為「我好像有跟這個人在一起的命運。」

41. 使對方錯認「聽到」爲「了解」的說服術

我們常可看到有些議員對於自己選民組成的陳情小組說：「我知道，我知道。」就將他們的話中途打斷。他們這種「我知道了」的說法，包含很奇妙的意思在內。聽到這句話的人，會以爲自己所要說的話已傳達到對方，而且認爲對方已經答應了。但是站在說者的立場而言，也許是意味著：「我知道你們所要說的事。」而不是「全部都答應」的意思，這只是一種敷衍或說話的技巧而已。老實說，在商業的難題上，這種技巧有時會發揮意想不到的效果。

雖然說：「我知道。」可是並沒有「答應」的意思，而一般人却會認爲「知道」即「答應」的意思。這裏我們需考慮的是，如何利用這種心理技巧來推辭對方的方法。

例如我們常會碰到別人執拗的抗議或要求，而就我們的立場看來，無法輕易答應對方的要求，可是對方却相當情緒化地認爲他們的要求絕無不妥，這種麻煩的場面是不能用道理說服的。每個人碰到這種情況都會想：「暫時將此場面應付過去，使對方能夠退却。」

剛才那位議員所說的「我知道，我知道。」是相當模稜兩可的，有時反而會產生反效果。所以最好還是說：「好，你說給我聽聽看。」或「好，你就說說看吧！」

這種說法可以表示已經聽到對方的要求或抗議的內容，但是對其結果會如何，並沒明白表示出來，也就是說並無包含答應其要求的意味在內。但是因爲對方已有心理準備，認爲我方將會承認這件事情的存在，所以當他聽到我方說：「我正在聽。」這種說法會錯認爲是「我已經了解了。」的意思。

又我們說：「我聽聽看」就要讓對方盡量說出來，同時，在數次反覆的問答中如此說，比一開始就以答應似的口氣說：「好，你說說看。」在心理上當然比較有效。

＊對執拗的要求答以：「我正在聽。」就不會造成已答應下來的情況。

說服術名言集(二)

◇人遇到無話可說時，常會說他人壞話。 ——波魯・泰爾

◇阿諛容易，讚美別人却很難。 ——梭羅

◇我喜歡婦人，更喜歡她們的沈默。 ——強生

◇一次的玩笑會受到十人的輕蔑。——蘇坦

◇當我們找不到辯解之辭時，箴言或格言會有意外的用處。——普西金

◇壞評如快馬般迅速傳出，好評却不易誇出大門。——密爾敦

◇想得到別人的好話，最好別說出自己的優點。——巴斯·卡路

◇愈冷淡的女人反而愈受對方喜愛。——普西金

◇不幸之事若能說出來，將會減輕許多。——可路納

◇人不論到那裏，都喜歡爲弱思想加上強有力的話的外套。——包爾·海雪

◇在你說別人壞話之前，需先預期這些壞話會回到自己身上。——普拉烏達斯

◇女人嘴裏的「不」，並不表示否定。——西洛尼

◇要用拳頭打人，不如用笑臉征服他。——莎士比亞

第三章
使對方喪失反駁的慾望

42. 製造共同「假想敵人」的說服術

我曾讀過一部科幻小說，故事內容是說美俄之間的戰爭已瀕臨按下核子武器電鈕的情況，就在這個時候傳來火星人將進攻地球的情報。美俄雙方立刻停止戰爭組成地球聯合軍，團結一致地迎戰火星軍。這雖然是個相當單純的故事，却在我腦中留下深刻印象。現在想起來，大概是因爲它是應用了簡單的心理技巧，所以才會留在研究心理學的我的腦中一角。

人類多多少少都會擁有「同調心理」，極端地說就是指別人所做的事，自己也想參加一分，成爲大家的同伴。若以流行的現象來解釋，很快就能明白，就是因爲想跟別人一樣，才會使人追求流行。

雖然如此，人和人爭論時或互有反感時，這種同調心理會被掩蓋住而無法抬頭。前面所說的科幻小說，由於有了兩國的共同敵人火星人的出現，同調心理才會迸發出來。也就是說，如果內部在爭論時，同調心理無法發生作用。例如某行業的兩家公司發生糾紛時，消費者發起攻擊這兩家公司產品的運動，本來對敵的兩家公司會團結一致共同應付，這種事也是時有所聞的。

所以當對方是個很不易協調的人，或是對我方有反感，使用這種「同調心理」說服將可收到效果。假如公司中有位職員常發牢騷，爲了使他和公司其他員工合作，最好製造出一個共同敵人。你可以說：「你的營業若再降低的話，可能會和其他人一起被調到小地方的營業所去。」這樣就能使他產生同調心理，而與其他人採合作態度。

如果對方始終採敵對態度時，也可以以其他部門的人作爲共同敵人說：「他若調過來，成績一定超越我們。」他就會和我們採同步調。所以對不易協調的人，應先製造共同敵人，使對方想共同擊退這個敵人，才是最有效的。

※對於公司內的不滿分子，應製造出與自己共同的敵人，以培養對方的合作意識。

43. 用自言自語方式使對方發覺自己不對的說服術

說到自言自語，那是一個人獨處時才會發生的現象，但有時候在一對一或一對多數人時，能適時以自言自語讓對方意識到，將能成爲意外的說服武器。

我認識一位薪水階級的朋友，就是這種會發出有意識的自言自語的名人。他身居課長之職，個子長得瘦小，人又很老實，表面看起來不像個課長的樣子，也許他自己也體認到這一點，認爲「我不論向部下下任何命令，大家都因爲不把我看在眼裏，而不聽從我的命令。」所以他就想出這種自言自語的策略。

例如夏天冷氣開得太大，以致室內溫度太低，一般人會命令說：「你們那一個人去把冷氣調整小一些。」可是他並不這麼做，只是摩擦著手掌自言自語道：「怎麼這麼冷啊？」他連續這麼說了兩次後，坐在他鄰近的女孩就自動去把冷氣調小了。又如果遲到的人多的時候，他會邊走邊自言自語：「怎麼大家不早點來呢？」倘若有人在辦公室裏聊天，以致工作效率不高，他也會喃喃自語道：「早點完成工作就可以早點回家。」

這種說服術雖然有點惹人討厭，但在攻擊對方的不是上，却能收到相當效果。對於那些受正面批評也不在乎的人，這種故意不把對象明說的自言自語方法，反而比較有效。如果對方知道自己的不對，聽到自言自語的內容，便會知道是針對自己而發，他會比別人感到更難堪。常常自言自語的人，多半屬於不敢直接攻擊別人不是的內向型人較多。也就是說因爲擔心對方的反擊，而以自言自語巧妙掩飾內心的不安。

有些說服的對象是不適於當面說他的。例如自己的前輩或和自己公司有直接關係的人，或是自己曾受對方恩惠的人，對於這種對象用自言自語法最爲有效。

當彼此在說話時，心理上佔劣勢的人若一再重覆說：「是嗎？」或「是眞的嗎？」心理上佔優勢的人剛開始會覺得這人眞是個怪人，可是到了後來却會覺得自己不對，這是人類心理上的有趣之處。

＊不敢當面直接批評的對象，最好一再反覆自言自語說：「這事是這樣嗎？」

44. 誇獎對方的反駁以消除對方的抗拒心的說服術

下面是我正年輕氣盛的學生時代的故事。有一次一位素以喜歡苛待學生聞名的德語老師，竟在文法上犯了錯誤，而發現他錯誤的好像只有我一個人，我認爲這眞是報復的大好機會，於是就像砍到敵人手臂似的，興奮地指出老師的錯誤。

那位老師露出認眞的表情說：「對，對，你的確很仔細，可是其他的人却都沒有發現，是不是大家都在打瞌睡啊？」他先這麼誇讚我一番，然後再說：「這個地方非常重要，許多人都容易搞錯，若沒有正確觀念，翻譯時會發生大錯誤，所以大家要特別注意。」

因爲攻擊却得到誇獎的我，心中覺得很高興。

當自己的錯誤被人指出，或遭人反駁時，大部分的人都會沈著臉說：「豈有此理，我認為你才弄錯了呢！」以這種激烈的口氣對抗，可是這種作法正如在火上澆油一般，會使對方的情緒更加高昂。

這些指出別人不對或反駁他人說法的對方，質問或反駁的內容並不重要，他們所擁有的是人與人之間的警戒性或猜疑性。所以對於他們的質問及反駁要否接受是次要的問題，應該先承認他們，使對方的攻擊精力鎮靜下來。

預期會遭到反擊的對方，會覺得很意外，而與這邊有親切感，同時反駁時所具有的反抗性、精力也會不知不覺中消失。只要解除了對方的反抗心，就能變成冷靜談話的場面。

例如你為了推銷某種機器，而到某家公司向其負責人推銷，可是他卻對你說：「這種機器太貴了。」你應該先說：「對，的確貴了一點，難怪你會如此指責。」接受對方的意見，將攻擊的矛頭閃開，然後再說：「可是這種機器可以節省能源，性能又好，故障又少，而且還有完美的售後服務。」舉出種種理由，使對方覺得這種機器擁有許多好處而買下來。能夠承認對方指責或反駁的著眼點的話，對方會感到滿意而仔細傾聽你所說的話。

※當有人指責我方的不是時，若能對其著眼點加以評價，對方的攻擊力就會減少。

45. 隱藏自己理論的弱點的說服術

說服的基本條件之一就是，能巧妙誘導對方的心理能源或感情負債，使對方承認我方的理由。說服者如果想扮演完美的好人角色，始終不讓對方看到自己的弱點，對方心中一定會築起堅硬的牆壁，使得原來會收到效果的話，反而變得沒有結果。所以應該故作坦白說出自己的弱點似的，暫時讓對方處於優勢。但是要加以注意的是，始終要保持假裝的態度，千萬不要眞正道出自己的弱點，否則對方會得寸進尺繼續攻過來。

假裝坦白自己的弱點，可以使對方的資產負債更重，相反的又可以隱瞞自己的理論弱點。實際上，人都會特別注意他人的弱點，所以當對方要指責你的弱點時，自己先開口說出自己的弱點，對方便會把目光轉向這方面的弱點。這種先發制人的手段，可以使自己的弱點不成爲被注視的問題。

所以可以用「我這樣說也許很囉嗦。」而掩飾自己的囉嗦。例如說：「我再一次說」雖然不至於完全打消對方感到話的重複感，可是至少可以減少。而先說一聲：「我這種說法也許極端了一點。」就不會讓對方有極端的印象了。始終要說：「好像……一般」的曖昧說法是這種技巧的要點。如果所說的眞的很囉嗦，可以用「說起來好像很囉嗦。」這種表現方法，使對方在進入本題以前，心理上先有準備。

當你說：「我這樣說也許有點囉嗦。」對方會反射性地回答：「不，不算囉嗦。」這就是人類心理微妙的地方。

當然囉嗦或極端說法本身並不算壞事，問題在於說服者和被說服者對這句話抱持什麼樣的感情，又如何將這種感情反映在話的進行中。所以大家應該了解，雖是極微小的弱點，也會因爲說話的技巧而成爲有利或不利之點。

＊對於囉嗦的話，應該先聲明：「這樣說好像有點囉嗦。」故意坦白自己的弱點，而隱瞞自己的囉嗦。

46. 避開對方逼問的說服術

日本電視有時候會轉播國會開會的情形，其中包含了五花八門的說服術，尤其是政府官員的答辯，更有許多「擋住對方的攻擊」的傑作，可供我們作爲參考。

「聽說最近將有三十架F十六戰鬥機，將配備在三澤基地，跟其有關的美軍及其家族將有三千人會來，這樣不是太過刺激蘇俄嗎？F十六是以飛行距離長而聞名。請問首相對防衛有何看法？」

這是日本國會期間某一黨派議員提出的問題，中曾根首相對這個問題的回答是：「我認爲應該向國民表明，自己的國家要自己保護才行，所以我才會這麼做。」從正確意義而言，雖然這並不算是答辯，但也並非忽視議員的質問，並不算是完全錯誤的回答。

我們在實際生活中，當然無需模仿國會的答辯，可是爲了能巧妙應付忽視我方立場而強逼過來的對方，我認爲他們那種答辯方法仍可供我們參考。又例如勞資雙方的交涉亦同，對於質問者咄咄逼人的要求：「請快回答」時，不要一開始就針對對方的話回答，因爲對方已虎視眈眈地在等待你的答案的漏洞，而準備猛烈攻擊。當然，如果你不正面作答，質問者也許會說：「難道你沒有誠意嗎？」而採糾彈的姿態。

對於這種對象，最好還是先提出答案。極端說來，回答這種行動非常重要，內容倒是其次的問題。如果正面接受質問內容加以回答，那就上了對方的當了。雖然如此說，隨便提出不著邊際的答案，又會令對方覺得你看不起他而憤怒異常，這可以說也是上了對方的當。

這時最有效的方法就是說：「我不知道我的回答是否可以直接成爲你的問題的答案。」然後再說和問題周圍有關的話，例如「嗯，對於你這個問題，我將以十分的誠意回答。」「也許不能成爲直接的答案。」即意味著「有間接的關係」，所以對方不得不聽。令對方感到有間接關係而仔細傾聽，是回答人的重要目標。

✱對咄咄逼人的對方，該先說一聲：「我這也許不是直接的答案。」然後再說一些無關的話。

47. 滿足對方生理慾求以減弱其攻擊力的說服術

幾年前，我到美國參加心理學學會，當時曾看到政府當局爲了第二天將在華盛頓紀念碑廣場舉行的反戰示威進行準備工作。他們利用消防栓設置了飲水場所，此外到處都準備了公用電話亭和流動廁所。總之，他們盡可能地做到滿足人們的生理慾求。

此外，他們又周到地透過電視和收音機通知大家：「大會是明天上午十時開始，所以今晚請各位好好睡一覺，同時爲了有充沛的精神，請大家吃一頓豐盛的晚餐。」政府當局眞是用心良苦地防止參加集會的人們，有睡眠不足、飢餓、口渴及聯絡困難等情況發生。

當我們飢餓或睡不足時，也就是生理慾求無法滿足時，會產生焦躁感，同時又很容易生氣。而肚子吃得飽飽的，又睡眠充足，精神上也將生氣勃勃，能保持冷靜均衡的態度觀看事務。我這麼一說，大家應該知道當地政府當局的企圖了吧！參加示威的人都是厭惡戰爭者，當想上廁所而找不到廁所時，情緒上會愈加氣憤，隨時有可能發展成暴動。所以他們做好周全的準備，以滿足大家的生理慾求。第二天的示威集會也許就能如政府當局希望的一樣，在平安無事中結束。

當我們要說服一個正在生氣的對象，應該先充分滿足其生理慾求，鎮定他的怒氣。從此意義看來，那種不吃不喝通宵達旦的勞資交涉，絕非賢明的作法。對方若想以其銳利的辭鋒攻過來時，應該說：「我們暫時停下來，去吃飯吧！」使交涉暫時中斷，使彼此有冷靜談話的「生理環境」，問題較易圓滿解決。

日本江戶時代的一個官員也深諳此道。曾有一藩地的農民，為了改革藩政的事，湧進代官所。這位官員便說：「有話等一下再慢慢說，我想大家都餓了吧！」於是準備了豐富的食物塡飽農民們的肚子，然後將藩政困難之處說給他們聽，當然並非因為這頓飯就受到安撫，可是至少過去不肯聽官員解釋的農民，也仔細傾聽了這位官員的說明，最後平安無事地退出去。由此也可以看出那位官員的智慧。

＊讓對方吃飽喝足了，就可以使對方氣憤的矛頭轉開。

48.拉出對方的感情為對象以躲開反駁的說服術

我曾在電視上看到日本巨人隊的江川投手入隊時的記者會實況轉播，當時他給我的第一印象就是驕傲自大。不過他的態度雖然不惹人喜歡，但無可否認的却眞了不起。

在輿論的非難中，以記者的責備最為嚴厲。遭到這種責備的江川投手所說的第一句話就是：「請各位不要說這種情緒化的話。」記者中雖然也有人說：「哼！你說這什麼話嘛！」但是江川的這句話，的確令會場的氣氛產生微妙的變化。原來很不高興的記者，似乎也突然感到自己太意氣用事了，而一時不知如何應付是好。

因為他這句話，後來大家都以「傲慢、卑鄙」形容江川投手。可是在當時，他在被衆多記者包圍的孤軍奮鬥下，我認為他的表現是最起碼的自我防衞手段。

不要說是江川投手，就是想以寬厚之心來領導議論的人，碰到感情激昂的議論時，也常會說：「請不要那麼大聲。」或「請不要用那種尖銳的口吻說話。」以控制對方。

讓對方感到其感情性的動作和話，與問題本身毫無關係，其辭鋒就會緩和下來，而使對方脫離話的核心，而反省自己的態度。例如剛才所說的記者，一定有些人會覺得自己看起來很滑稽。能使本來拚命想攻擊我方的對手有這種自覺的話，其反駁的辭鋒會遲鈍下來，而且原來的強烈態度也會緩和下來，要使他按照我方步調行進就比較容易了。

因此，若能給對方瞬間回到原先的自我的機會，當場的氣氛就可以改變，而主導權的流向也會因而移到一邊去，這時就可以掌握機會，領導議論的方向。對於以對方的感情爲攻擊對象時，這是種很有效的說服手段。

※對於感情激昂的對方，只要說一句：「請不要這樣感情用事。」就可以控制對方的攻擊力。

49. 盡量讓對方說話以找出反駁機會的說服術

前幾天，我去一家鞋店買鞋，發現那個老板非常懂得生意之道。當顧客滔滔不絕地說著時，他會將皮鞋的事置於一邊，仔細傾聽顧客的話。他並不是那種善於言辭，而靠一張嘴說服顧客買下鞋子的人。不但如此，當顧客挑剔說：「這雙鞋的後跟太高了」、「這種式樣我不喜歡」或「我的右脚比較大，很難找到適合的鞋子。」時，那位老板只是點點頭表示同感，從來沒有說出反駁的話。

當顧客的話告一段落後，他只說了一聲：「請等一下！」便轉身進去裏面，拿出另外一雙鞋子說：「我想這雙鞋子你一定會滿意，請你試穿看看。」顧客便半信半疑地試穿那雙鞋子，果然如老板所說的令他非常滿意，於是高興地說：「這雙鞋子好像就是爲我做的一般。」而買下帶回家去了。

推銷員的注意事項中，有一項是「不要跟顧客爭論。」也就是說當顧客說了幾句話，推銷員就還以一大堆的反論的話，顧客就會另外想出許多拒買的理由，結果當然就做不成生意啦。總而言之，對於顧客的要求要仔細傾聽而不加反駁，就是提供你說服顧客的資料。剛才所說的那位鞋店老板，就是深諳這種道理，而成功地賣出適合顧客需要的鞋子。

想說服對我方意見始終提出反論的顧客，最好不要對他的每句話加以辯解，而讓他儘量說出他要說的話，我們就可趁此機會抓住反駁的材料，這是說服這種人最有效的方法。

儘量讓對方說出他想說的話，就等於把他心中所想的全部暴露出來，而喪失了對我方提出問題的回答資料，以後就會按照我方的意思進行。

當情報被對方掌握後，就會處於不利的立場。反過來說，對於難以說服的對手，應該邊看對方的反應，邊慢慢將情報說出，如果一口氣將所有情報公開的話，就等於已經向敵人投降了。

＊當對方生氣地反駁時，最好儘量讓他說出他要說的話。

50. 責備後加以安撫使對方忘記反感的說服術

被日本人稱爲「經營之神」的松下幸之助先生，是個很善於用人的人，同時聽說也是個精通叱罵藝術的人。可是我覺得他並非善於叱罵方法，而是在罵了之後的安撫方法高人一等。

根據長年活躍於松下先生手下的三洋電機前任副董事長後藤淸一先生說，有一天松下先生因爲某事對後藤先生感到憤怒極了，拿起放在暖爐旁的火鉗用力拍打地面，當後藤先生氣呼呼地想回家時，他又對後藤先生說：「我因爲太生氣了，這支火鉗竟被我拍打得彎成這個樣子，請你替我修理一下好嗎？」後藤先生不得已只好找出鐵錘修火鉗，在捶打當中，情緒也慢慢平緩下來。好不容易修好之後，松下先生面露笑容說道：「修理得很好，比以前更漂亮呢！你的技術不錯嘛！」

●強調「最後的機會」這句話

●故意強調「利益」很大

對太重得失者的

●先滿足對方眼前的慾求

●故意告訴對方本來的意圖更大

在激烈叱罵之後，再拿出和責備內容無關的事褒獎對方，的確是相當高明的作法。還有更令人感動的是，松下先生後來又偷偷打電話給後藤太太說：「妳先生今天一定會懷著不高興的心情回家，希望妳爲他準備一些酒菜。」遭到松下先生叱罵而氣憤得想辭職的後藤先生，因爲松下先生這種作法而感到佩服不已，同時還對我說：「我願意爲這種人犧牲到底。」

挨罵的人對於叱罵自己的人，會產生一種仇恨心理及反抗心，同時會有對方可能認爲，我是個無能力者的不安感，這種不安感有時會跟喪失信賴感有連帶關係。有些經營者會因爲怕對方生氣而不敢叱罵對方，這樣對彼此都沒有好處。因爲這種消極的態度，只會使部下產生怠慢的心理，而犯下同樣的錯誤。

所以應該責備的時候就該責備，但是在事後要讓對方知道，責備和彼此的信賴關係是兩回事，松下先生褒獎的話和笑容就是最好的參考例子。而在叱罵後故意讓消息使對方間接知道，也是有效的方法。例如「我剛才罵過××先生，因爲我想讓他將潛力更加發揮出來。」這種話故意說給挨罵者的同事聽，他必會傳給當事人，挨罵者聽到消息後就會認爲「原來總經理是爲了這個原因才責備我。」而加以自我反省，同時會興起認眞做下去的想法。責備之是否可使對方改進，並非靠叱罵的方法，而是要看叱罵後的處理是否妥當。

※在叱罵之後，對方不會垂頭喪氣，是因為責備後的安撫得法。

51. 躲開對方即將爆發的抗拒心的說服術

我曾聽過日本直木獎作家，且是電視名主持人的藤本義一先生的故事。

藤本先生的女兒有一天違反晚上十點前必須回家的規定，第二天早晨才留著些醉意回到家，在門口迎接她回來的藤本太太生氣地罵道：「快去向妳爸爸道歉。」他的女兒早已覺悟到爸爸一定會很生氣地罵她，可是藤本先生卻只瞪了她一眼並說了一句：「傻瓜！」便出門了，就這麼一句話使得他女兒深深反省自己的作爲，從此以後再也沒犯過同樣的錯誤。

對於徹夜未睡等待女兒回來的父親的心情，我們可想而知，這句「傻瓜」眞是包括了無限的意思在內。

大家都有責備孩子的經驗，想讓擁有反抗心的對方反省自己的作爲，是很困難的。假如嘮嘮叨叨地說：「妳怎麼可以不遵守家裏的規定，我不是一再囑咐過妳嗎？」想儘量讓孩子明白是非，如果對方表現出反抗的態度，又叱罵道：「妳這是什麼態度，妳應該好好反省一下。」就這樣囉囉嗦嗦地說教下去。

但是我們愈強烈地叱罵，對方的反抗心就會愈高漲。過多的要求對方反省的言辭，反而會煽動對方反抗的心理，彼此的親密關係也會因而遭到破壞，甚至有可能變成無法收拾的場面。

對付這種隨時有可能反駁你的對方，千萬不要直接挑起他的反駁心，應該像藤本先生一樣，只以一句「傻瓜」就閃開了對方的反抗心，而對方因為反駁心無法發洩，會轉而反省自己的所作所為。

不過藤本先生的情況是，女兒已先遭她母親的叱罵，內心的反抗情緒相當高昂，而當藤本先生以一句「傻瓜」閃開她的反抗心，其間的落差相當大，所以效果更大。

藤本夫妻並非事先約好要這麼做，但是我們若想讓部下或孩子反省時，可以故意用這種方法。

✳對於預想會挨罵而準備反抗的對方，最好使用閃開法使對方感到意外。

52. 故意讓對方看到我方弱點的說服術

新學年開始時，學生都會感到很緊張，所以當我上第一堂課時，都會故意說：「我不喜歡寫黑板，而且字也很難看，小學時代我的字經常得丙呢！」儘量努力使學生發笑。有時候也會說：「怎麼樣？你們看看老師這條領帶，會不會太華麗了？」學生聽到這種話就會覺得「原來老師也會關心這種小事情，他和我們並沒有兩樣嘛！」因而心情會輕鬆許多，甚至會產生某種優越感呢！

同樣的，每當我到一些地方演講時，常會故意在麥克風前打噴嚏，或假裝跟蹌一下，這種刻意做出的小失敗，能使會場的緊張氣氛立刻變得輕鬆。當我還沒作這種表演之前，聽衆對我這個大學教授抱有戒心，所以我故意讓他們看到我的小失敗，使他們覺得「原來他也和我們一樣，也會有失誤的時候。」而對我產生親切感。

想說服有自卑意識或過度緊張，或是初見面的對象，的確相當困難。尤其在面對社會地位較高者時，對方在心理上自然而然會處於下位，也就是說會有膽怯感，而使得全身僵硬，心裏的牆壁就會愈來愈堅固，始終將自己關在裏面。

想擊毀對方心中的牆壁，最好的辦法就是讓對方認爲不是只有他才有弱點。某一電視演員，一向以花花公子著稱於影藝界，他會對他所看中的女性說：「我一聽到與媽媽有關的事，就會覺得全身乏力。」或「我眞差勁，自己沒辦法把襯衫穿好。」等，以刺激女性的母性才能，而對他表示關心。

雖說同樣是人，但是在對方毫無心理準備之下就開始說話，會使雙方的心理距離愈來愈大，當然也就無法說服啦。如果心理上佔優勢者能幽默似地使用方言，對方的下位觀念會轉爲安心感，心理距離也會愈來愈小。從前日本社會黨的黨魁佐佐木更三先生和名演員千昌夫、新沼謙治先生都常以方言爲武器。人都有弱點，如果妥善運用，將能成爲說服的強有力武器。

＊對於有自卑感或易緊張的對象，應該故意說些錯誤的話或方言，解除對方的緊張感。

53. 過度褒獎以助長對方不安感的說服術

我認識一位某一地區推銷成績最優秀的汽車推銷員，他所推銷的車子是四流廠牌的，但是他却能使以前愛買別種廠牌車子的人，改買他所推銷廠牌的車子。

據他說，開別的廠牌汽車的人，十個中有兩個人不滿意自己的車子，也就是說經常有潛在性的換車慾求，而且這種人對於車輛的構造都非常了解，又都是很喜歡汽車的人。對車子愈了解就愈想擁有一部好車，這是人之常情吧！

當前述那位推銷員去和這種人會談時，他們會以自己所擁有的汽車常識作後盾，毫不客氣地指出四流廠牌車子的缺點，這正是最好的推銷機會，因爲這種人比那些對車子毫不了解的人容易說服多了。

這時，那位推銷員並不維護自己所欲推銷的車子，只是一再誇讚對方的汽車知識，並露出欽佩的神情由衷地說：「你這些知識是從那兒獲得的？」或是說：「你的知識還超過我這個專家呢！」將對方捧得高高的，那些對自己車輛不滿或有攻擊的人，會因而感到不好意思，就提供了推銷員的推銷機會。

心理學家H．G．希諾特曾說，小孩子被過分褒獎時，會感到自己不值得如此被讚美，而變成一種負擔，便開始惡作劇以消除內心的不安。成人後還擁有幼兒性的人，會表現出同樣的反應，那些攻擊性強的人，大都屬於這種類型。

社會上有很多攻擊性強的人，只要聽到你一開口，他便想找碴，而且心中呈現高昂狀態，這時若想說服他根本是不可能的，所以唯有用快速的方法使他的情緒冷却。

這時應該找一些和話題無關的資料，如對方的服裝或家裏的庭院等，故意誇大性地讚美他，他的攻擊鋒頭便會慢慢變得遲鈍，這時再將話題轉至本題，對方在不知不覺中就陷入我方的圈套了。

※對於攻擊性強的對方，應該故意過分誇獎他，使他感到不安。

54. 粉碎爲了理論之理論的說服術

任何團體中，總有幾個對任何事都想按照理論來決定的人。這些人都以理論家自居，凡事都要提出一大套理論。

眞正的理論家絕對不會這個樣子，可是這些自稱爲理論家，或被認爲是理論家的人，却常以歪理當作理論。

無論任何事他們都想以理論解決，例如我方說：「這句話好像是多餘的。」他便會說：「是呀！你這句話正是多餘的。」或是「又多了一句多餘的話。」……像這樣子議論，當然永遠無法結束。被周遭的人公認爲是理論家的人，心中會產生一種「我是個理論家，凡事都必須根據理論做。」的強迫觀念所形成的心理牆壁。如果在理論之爭中輸掉的話，其「理論家」的評價就會消失。在危及自己存在的顧慮下，他是絕對不會認輸的。

那麼是不是有辦法逆用這種人所構築的心理牆壁，封住對方的反駁，使對方按照這邊的意思進行呢？

如果你有這種類型的上司，而你正想提出你的企劃書讓他過目，可是企劃書中有兩個地方你沒有自信，你可以在他看完還沒開口問你之前，先對他說：「我知道這需要相當的經費，而且又與過去的作法截然不同，我想你一定有異議吧！」

費用太多，與過去截然不同的作法都是事實，可是當你自動說出後，對方因爲自認爲是理論家，所以一定會提出反論，這麼一來，你這份企劃書可以說已經完全通過了。

由於你所說的「你一定會有異議」可以使對方認爲自己擁有尖銳指謫的頭腦，像這樣承認自己的弱點，並提高對方的自尊心，就可以形成一種心理技巧。

這樣先下手爲強之後，對方就會認爲無需指責承認自己弱點的人，而對此弱點採取寬大的態度。

要說服這種自以爲是理論家的人，最好採用承認自己理論弱點的說服術。

＊對自認為是理論家的對方，最好先承認我方理論的弱點，以防止對方的反論。

55. 使對方成爲代辯者以削弱抵抗力的說服術

最近與職業棒球選手閃電結婚的日本某女明星，不顧自己正當走紅的影壇地位，爲了丈夫反對她繼續演戲，而與所屬公司毀約。公司方面雖然極力勸她改變心意，但她都沒有答應，毅然地告別影壇。

像這種背後有丈夫或上司控制其意志的交涉對象，想用正面方法說服是不容易成功的。因爲她本人並無意見，只是爲了顧全丈夫或上司的面子，而按照他們的意思來反對或拒絕。

要說服這種對象的要點是，準備一些說服丈夫或上司的資料交給站在交涉立場的本人。也就是說，這是以站在交涉對象後面擁有決定權的人爲說服對象的說服術。

例如你爲了推銷你們公司的新產品，而到某一客戶處拜訪，可是去了好幾次都無法獲得對方的答應，而且好像並不是他本人的意思。這時你就必須先查明對方的上司是個什麼樣的人，然後告訴對方：「你的課長好像對數字很有研究，你若能將這些數字資料交給他，他一定會讚揚你的能幹。」提示他說服其上司的要點。像此例一樣能提示具體方向的話，對方將不只是傳達者，而且成爲推銷方面的代辯者，使任務圓滿完成。

能巧妙運用這種說服術提高業績的推銷員，其手段的確相當高明。我曾在雜誌上讀過一篇名爲「拒絕的技巧」的文章，其中提到一位家庭主婦上了推銷員甜言蜜語的當，而買了不需要物品的痛苦經驗。那位推銷員對她說：「萬一妳先生反對的話，妳就告訴他：百分之七十的一流企業公司的課長級以上人物，都支持這種商品。」因而使她上了當。

買到不需要物品的這位家庭主婦，固然很值得同情，但是無可否認的，那位推銷員封鎖對方的反對，促進其購買慾的手腕的確相當高明。

＊對於以丈夫或上司的理由拒絕的對象，最好提供她說服丈夫或上司的資料。

說服術名言集(三)

◇辯解是裝飾過的謊言。 ——A·波普

◇使用詭計是女人的特性。 ——艾斯·庫勒斯

◇格言或名言雖然可供解釋，却沒有驚人的用處。 ——普希金

◇話題窮盡而不批評他人的人很稀少。 ——尼爾哲

◇爲了貫徹一句謊話，必須想出其他二十個謊話。 ——史伊夫特

◇無法說出勝於沈默的話，就保持沈默。 ——拉穆克

◇笑可以撤除敵方和我方的差別。 ——米爾頓

◇欲辯解自己的失策，失策反而愈明顯。 ——莎士比亞

◇戀愛的人都是近視眼。——尼爾哲

◇除了妻子、賭金和錢包外，一切都可以告訴朋友。——安多利

◇富翁和有地位的人都是自私的。——托爾斯泰

◇超過四十歲的男人都是壞人。——修爾

◇要說無心的話，倒不如保持沈默，比較不會傷害社交性。——蒙地紐

◇男人不論舉出多少理由，都敵不過女人的一滴眼淚。——波耳特爾

第四章
使對方自動打消要求

56.擴大問題使對方撤回抱怨的說服術

我有個在奶品公司上班的學生，對我說過一則有趣的故事。有一天有位消費者到他們公司抗議說，他們出產的奶粉裏面有隻活的蒼蠅。

據我那位學生說，奶粉是衞生管理相當嚴格的商品，爲了防止酸化，必須抽掉空氣而裝入氮氣，然後才密封的，所以百分之百不會有蒼蠅在裏面，那麼問題就是出在消費者本身。當我那位學生的上司出來時，他認爲上司一定也會以上述的理由說服對方，可是他開口所說的却出乎我的學生意料之外。

消費者憤怒地向那位上司抗議著，那位上司便開口說道：「是嗎？若是眞的，那事情可就嚴重了。我們必須將工廠的所有機器停下來，對整個製造過程作一次總檢查。」我的學生看著緊皺眉頭的上司，感到大惑不解，直到聽了下面的話，才了解上司的用意。他的上司說：「我們工廠在包裝奶粉時，必需先抽掉罐內的空氣，然後注入氮氣，再加以密封，所以不可能有活的蒼蠅在裏面，我們向來是這麼確信的。可是我想立刻作嚴密的調查，請你說明你開封時的情況，以及開封後的保管情形。」

被那位上司這樣逼迫的對方，好像沒想到自己所提出的不滿，竟會造成這麼重大的問題，因而面露驚訝的表情，然後才想起自己的保管狀況似乎有問題，便對那位上司說：「算了！希望你們以後多加注意，不要再發生這種現象。」說完便匆匆回去了。

一般人在自己有充分理由可以對抗對方提出的不滿時，都會從正面攻擊對方的抱怨，暴露對方的不對，但是這種作法反而會使對方的情緒愈來愈高昂，態度也會更頑強，所以不算是有效的方法。應該像此例一樣，故意重視成為焦點的問題，對方會因為事情弄得太大而感到害怕，抱怨的鋒頭會遲鈍下來。我們就可以利用這個機會展開道理的說服，對方也會承認自己的不對。

※有人提出抗議時，若能對這件事非常重視，反而會使對方的氣勢減弱。

57. 粉碎集團的一致意見的說服術

我一位在日本某大學擔任教授的朋友，告訴我有關他的系主任的故事。他事先對我說明他與那個系主任一直處於敵對的關係，但是他還是認為那位系主任眞了不起。那年他們系裏發生了一些問題，於是許多教授在開會時向系主任提出他們的意見。

系主任看了一眼那些提出意見的教授們，然後說：「我很了解這些要求，但是你們眞的是經過討論，才決定這些意見嗎？爲了愼重起見，我想請問每個人的意見。」說完後就指著一位教授說：「從你開始吧！」「然後是你」……就這樣一一指名要他們說出自己的意見。由於在各人說話時，會不介意別人的存在，而進行尖銳的說法，所以當大家說完各自的意見時，發現其中有差異存在。於是系主任說：「各位的意見好像還有相當的差異嘛！這樣我也無法作答覆，所以還是暫時讓我考慮一下吧！」說完就把意見書還給教授們，教授們也不得不接受了。

一般人對於全體的意見或是經過討論決定的意見，都覺得無法反駁。在此姑且不論民主的原則，只要聽到是多數人的意見，想要論其是非是很困難的。因爲一般人的觀念，大多數人支持的就是最有道理的結論。

所以想要擊破這種集體討論過的要求，不要去批評要求的內容，應該先擊破造成要求強勢的原因，即所謂「一致的意見」的根本。雖然說是全體人員的意思，或是開會決定的意見，我們都要先問清楚是否眞的是一致承認的。對方是以這點作爲最大的根據，認爲我方不會產生任何懷疑。當聽到我方提出問題的眞實性時，將會心慌起來，如果當場再要求他們提出個人的意見，其間一定有微妙的差距存在。我們就可好好利用這種差距說：「你們雖說這是大家的意見，爲什麼却有這麼大的差距？」他們所根據的是「一致」，一旦被擊破就不得不退却了。

古人曾說：「我爲一，敵爲十，我須攻十中之一。」這也就是說在對付集團時，需採各個擊破、分斷作戰的方法。

＊對以衆人意見作後盾提出要求的集團，應該讓每個人說出各自的意見。

58. 讓對方反省自己的要求過大的說服術

我的一位晚輩有一天到我家玩，告訴我一件有關他的小孩的事。他兒子今年就讀小學三年級，常會要求說：「我想要一個像××擁有的○○玩具。」或「××有○○塑膠玩具，買一個給我好嗎？」當父親的在他強烈的要求下，不得不答應，所以花費了不少錢。

我立刻告訴他：「你應該以易懂的方式告訴他，世界上還有許多比他窮苦的孩子存在。」他接受了我的建議回家去，幾天後他又到我家，向我報告結果。

「我思考再三之後，買了一本附有非洲孩子飢餓痛苦照片的書給他看，他看到那些皮包骨的孩子照片，起先嚇了一跳，後來果眞發生效果，不再像以前一樣老是要求我買玩具給他。」

在大人世界或是工商世界裏，也經常會有這種提出強硬要求或主張，一步都不肯退讓的人存在。例如因爲年終獎金或福利而使勞資雙方無法妥協的事情，我們時有所聞。勞工所以不願作絲毫讓步，是因爲他們堅信自己的要求是正當的。

爲了使對方讓步，經營者使用的辦法之一，就是讓對方知道他們的要求不當或是過大了。本來要求之正當與否是相對性和主觀性的，所以應該提出比他們更悲慘的例子讓他們看。

「我認識的某家公司，前幾天倒閉關門了，由於現在正逢經濟不景氣，那家公司的員工都找不到工作，聽說每天都過著不安的生活。」這時勞工就會不知不覺落入圈套，認爲自己比起那些失業的員工幸福多了，而醒悟到自己的要求也許太過份了，於是在態度上會有所轉變。

*對於自認為是不幸的對方，應該提出比他更不幸的例子讓他看。

59. 故作讓步引誘對方讓步的說服術

我曾讀過有過薪水階級經驗的日本作家所寫的經濟小說，裏面常有令人窒息的交涉場面出現。例如公司派人到國外購物時的價錢交涉的激烈場面，或是建築業者對完工日期的交涉，以及上司與員工之間的交涉等場面，都鮮明地描寫出來。其中有一段是總經理要求屬下如期完成一項工作，身爲課長的雖然認爲有百分之八十的可能性，也會說：「不行，絕對不可能全部完成，頂多只能完成百分之五十。」而總經理站在公司的立場，仍然堅持要全部完成。

這是原住友倉庫幹部的唉村觀氏所寫的小說中的一段。他書中那位總經理以各種客觀資料當作武器，逼迫屬下一定要如期完成全部工作，在總經理威怒之下，而且即將說出：「這是命令」之前，這位課長才說：「好吧！既然你這麼說，我明知這是太過勉強的事，也只好作到百分之七十了。」就這樣繼續激烈交涉下去，最後終於以百分之七十作爲目標，結束了彼此的交涉。

這種手法除了在實業世界被使用外，在國際商戰及外交交涉中也常被廣泛使用。

假如在美日貿易自由化的交涉席上，日方的戰法是，在自由化之下也不致於太痛苦的物品上讓步，而由此讓步獲得牛肉和柳丁的安全進口。

在彼此都不肯讓步的膠著狀態下，這種表面上的讓步有時會收到意外的效果。仔細想的話，彼此所以會陷入膠著狀態，是因爲彼此都不願意退讓，所以考慮作形式上的讓步，是制住對方先機的秘訣。

像前述的課長剛開始就先建立某種程度的伏線，當對方提出許多必要的要求時，再以讓步似的姿態說：「好，這點我可以讓步，這點我也可以讓步，但是這點不行……」讓自己的希望安全通過，這也是一個很好的方法。當對方無法付款時，故作讓步似的讓對方延長付款日期，或提供分期付款的辦法，使對方不得不付款的例子，在社會上經常可以看到。

※雙方互不退讓而僵持不下時，最好率先作小小的讓步。

60.對靠近的對方敬而遠之的說服術

聽信了內行推銷員的話，而參加太多的保險或是買到不需要物品的經驗，相信大家都曾有過。為什麼一般人這麼容易被他們說服呢？因為他們想盡各種方法攻破我們的心理防禦。下面所要說的就是不被對方說服的說服術。

推銷的秘訣是，用說服使對方解除警戒心，當他們敞開大門之後，就等於成功了一半。至於最簡單最有效的擊退法，就是不讓那些推銷員進入大門。

如果對方已經進入大門，我們的視線就盡量不要和他們接觸，始終保持漠不關心的態度，絕不讓他踏入我們的心靈大門。彼此一旦無法作心理接觸，不論他是多麼有能力的推銷員，都無法抓到說服的機會。

如果和推銷員之間有親密關係，這種方法就不適用了，因爲這種態度將會傷了對方的心。即使我們拒絕了對方的要求，可是若因此而傷害到基本的人際關係，對我們而言這樣是很不利的。

這種情況下，既不傷害對方的心又可以拒絕對方要求的最有效方法是，故意使用恭敬語，以保持雙方的心理距離。我在「語言的心理作戰」一書中曾說過，根據日本家庭糾紛調停委員的詩人江間章子說，在調停離婚案件中，很多夫妻彼此使用恭敬語談話。這是彼此的感情淡薄甚至仇恨對方，而造成心理距離擴大的無意識表現。一般人和比自己年紀小的人第一次見面時，通常都會使用恭敬語，這也是雙方心理距離遠的緣故。

我們常會因爲彼此的疏密關係，也就是心理的距離感，在無意識中使用恭敬語。所以在親密關係中，故意使用恭敬語，就是想避免跟對方心理接觸的委婉意識表現。

也許對方會覺得不以爲然，但是心理距離感一旦傳達下來，對方也不便再勉強要求了。

※為了不輸於親密對象的說服，可以故意使用恭敬語保持心理距離。

61. 轉換爲根本問題以擊退對方具體要求的說服術

●故意稱呼對方的名字

●不要拖長見面時間，要增加見面次數

對警戒心很強者的

●故意以誇大的表情說話

●以「只要五分鐘」或「只聽一下」等表示限定條件

「基本工資提高百分之十五，加班費要全數發給，確實實施一週休假兩天。」如果對方提出這種具體要求時，你若是經營者，你要如何應付呢？如一一回答，很容易就會中對方的圈套，結果不得不全部接受。可是若提及根本問題，就可以擊退對方的具體要求了。

「我了解各位身邊問題的重要性，但是只靠眼前的尺度來衡量問題的話，將會失去大的指針。例如你們領薪水的這家公司的立場，及公司所需負起的社會任務，你們都應該考慮到才行。在現在經濟不景氣的情況下，希望各位能從根本問題上考慮，以求公司能夠生存下去。」

在家庭中也常發生孩子們向父母提出延長晚上回家時間，提高零用錢等具體要求的例子。這時他們的心往往會爲了眼前的現實而如一匹奔跑的馬一般，這種對象不容易用簡單幾句話說服的。他們將對薪水或零用錢的要求當作自己的實感，而牢牢掌握著，所以用具體論的說服是無法勝過他們的。如果因爲無法輕易說服，而站在對方設計的立場上，很容易就會滑倒的。

所以這時應該轉移對方的眼光，讓他們看看他們的具體要求之上的根本問題。也就是找出抽象度更高的問題，來談論這個問題。例如對想要求提高零用錢的孩子，可以告訴他們，在他們成爲成人前的費用，或是在經濟不景氣中喘息的社會和家庭的關係，以及孩子們應有的本分等基本問題。

對方看到我們提出針對他們具體要求的根本問題時，就會覺得自己的要求不可能實現，會想竭力破壞我們的立足點，我方就得站在更抽象的點上和他議論。例如可以以大家公認的「現在經濟非常不景氣」作為我方武器，再配合常識和基本眞理，隨著時間的過去，對方不得不承認的事實也會愈增加，慢慢地對方就會了解自己的要求稍微脫離了現實的事實。

＊有人向你提出眼前的要求時，應該提出國際情勢、經濟等根本問題，使對方打消他們的要求。

62. 故意否定自己的說法引起對方贊成的說服術

對付始終固執己見不肯讓步的對方，實踐「大丈夫能屈能伸」的俗語也是一種好方法。

某大公司的總經理曾告訴我，他們公司為了新開發的製品是屬於都市型或是鄉村型，而產生兩派相對的意見，引起相當大的爭論。這位總經理看到屬下這麼爭論不已，便宣佈暫停開會。當再度開會時，本來主張是鄉村型的某個人發言道：

「確實是這樣嗎?我還以為是鄉村型呢！可是大家若主張是都市型的話，我也會覺得不無道理。因為我從小在都市生活，對鄉村不太了解，也許眞的是都市型也說不定。」

這時本來一直唱反調的反對派也突然靜下來，經過一陣耳語之後，反對派的領導人也說：「我也是在都市長大的，對於鄉村的事也不太了解，所以我也不敢斷言是都市型，我只是覺得像是都市型。」而軟化下來。

當然後來又展開長時間的討論，結論是屬於鄉村型，而且本來對立的雙方心中都沒有芥蒂地欣然贊成。

這的確是「大丈夫能屈能伸」的典型例子，利用暫時收回自己的意見，表示有意靠近對方的說法，而使原先保持強硬態度的對方，最後也贊成我方的說法。

在公司裏對於別人的提案老是唱反調的人之中，有的完全沒有理論根據，只是爲了反對而反對，對於這種對象，如果要跟他理論或對立的話，他的反對意見會愈來愈強烈。所以要說服對方附和你的意見，就要像前述例子一樣，暫時收回自己的意見，並提出否定論，對方看到你否定自己的意見，會失去攻擊的目標，再也無法唱反調了。同時在否定自己意見之後，又作出附和對方說法的姿態，對方就不敢強硬主張自己的說法了。

＊對付喜歡唱反調的對方，最好暫時否定自己的說法，以引起對方的贊成。

63.承認自己的錯誤以避開對方逼問的說服術

最近，我在偶然機會中，在電視上看到日本某政治家，接受在野黨逼問的場面。比起一些以慢吞吞的方法避開在野黨質問的政治家，這位政治家的作法有點與衆不同，他的答辯可說是「正顏厲色型」的。

我所看到的場面是這樣的。一位在野黨議員逼問道：「……你大概是鷹派吧！」這位政治家以泰然的態度答說：「我不知道鷹派的正確定義是什麼，可是如果大家都這麼說，我想我可能就是鷹派吧！」原來認爲對方會否認，而想以所擁有的證據繼續追問下去的在野黨議員，頓時失去繼續追問的心情，而陷入「沒有第二句話」可說的心理狀況。而事實上當場的情況是，那位在野黨議員將話題轉移到別的地方去了。若以柔道比賽而言，這位政治家的確得到一分了。

想說服別人的人若是屬於攻擊型，一旦受到對方的反攻擊，會激烈地加以抵抗，所以他認爲對方也會有這種反應。可是出乎意外對方乾脆地承認時，他會失去追問下去的氣勢。

相反的，想利用這個方法說服攻擊型的人，或閃開追問的鋒頭時，承認自己的錯誤是很好的方法。

說服或爭論的場合中，內容並不是最重要的問題。能夠確保當時的心理優勢，才是說服術的基本。如果不按照這個基本作，絕對無法獲得勝利。

有些人往往會認為承認自己的錯誤，就是向對方投降，其實不然，這是為了雙方始終不妥協的一種權宜之計，也是一種技巧。

只要說一句「這點的確是我的錯誤」就可使在對方支配下的當場氣氛發生變化，而取回主導權。

＊對於激烈攻來的對方，故意乾脆承認自己的錯誤，使對方的力量鬆弛下來。

64. 巧妙地擊退對方迫不及待的要求的說服術

大約是十年前的事，我有一位朋友，買下了一塊土地，到想要建造房屋的時候，突然接到上面的通知，要派他到國外去服務。當然是要帶著家眷一起出國，此時離出國前僅剩二個星期。在這匆忙時刻，他不得不暫時停止建築工作，要求和建築商解除契約，但匆忙跑去的他，回來時卻表示願意按照契約的規定建築。

根據我那位朋友的說法：建築公司在聽到他要停止建築的理由後，公司的主管對他說：「不，這是一件很重要的事，不錯，派您到國外去服務是很重要的事情，時間又如此急迫；然而，建造房屋可以說是您一生中頭一次的重大買賣，您應該好好考慮後再處理，免得您以後後悔，到時我們將會替您難過……」。這些話挽回了我朋友要解約的事。

起先，我那位朋友只是希望能夠很快的跟建築公司解約，突然被對方所說的那句話「這是您應該好好考慮的重要問題」將整個心情穩定下來。

當然，現在建築的話，從材料的價格或其他各方面來看，對他極爲有利。此外，他本人不在國內時，建築商自會替他負責完成，建好的新房屋，建築商又會替他找一位可靠的房客……等等，很多優厚的條件。結果，我那位朋友被說服到不得不按照最先的計劃來建築。

碰到偶發事情時，總是急著要解決，以趁早應付新事態的人，若要加以說服，實在是件難事。對方匆匆忙忙提出一些棘手的問題，想以事情的來龍去脈做說明，強調事件的關鍵，而期待對方接受，是不可能的。說了些不對要點的話，只會使對方因屈於感情上，反而使整個事情瀕臨破裂的地步。

能夠好好的控制對方急迫的心情，把對方帶到可以聽我方話的地步，是需要技巧。也就是把那個問題由緊急性改爲重點性。前面所述建築公司就是一個例子，也因爲能夠強調「這是需要熟慮的問題」，才能使我那朋友急迫的心情，鎮定下來。

換言之，將對方要求的緊急性轉換爲重點性的強調，然後，可以使對方迫切的心境，緩和下來，最後，使對方能夠按照我方的想法行事。這種方法，常被運用於開會的答辯中。「關於這一件事，我覺得應該趕緊解決，所以，我打算考慮其重要性，愼重的加以檢討」這樣的幾句話，就可以消退在野黨追問的氣勢。

＊對方的緊迫要求，只要我們能夠強調「這件事很重大」就可以駁倒對方。

65. 使對方知道他們的要求是無用的說服術

一九七〇年，日本的學校紛爭，蔚成一股壯大潮流，主要原因是，一部分領導階級被一批學生說服。於是一個接著一個加入他們的組織，形成一個很大的集團，這是一件不可忽視的事。理論武裝的領導階層，如果大言不慚的話，就不能說服那些不具備對抗理論的學生們。況且，理想可以使年輕人的血液沸騰，產生不可思議的力量，自然而然的成爲一個很大的集團。

一般而言，有人提出偉大的理想時，若那些理想不合自己的心意，自不會有人去理會它，更別說反對。然若以理想為後盾而被要求，即使那些說法是我方不滿的內容，我方也不得不進入接受的狀態，這到底是為什麼呢？

人都有自己的眞義和原則，原則可以說是理想，理想就是最終目的。可是碰到現實這種東西，只靠理想是無法對付的，因此，人就學會在心理上欺騙自己。說「騙」或許不太好，因為，理想有時可以變為事實，只要兩者保持平衡，不發生衝突就可以了。

塡埋理想和現實的溝渠，最簡便的就是眞義。也許有人認為，有某些人只靠眞義就可以活下去，然而，理想碰到現實時，往往不改變方向，以應付實際的需要。所以，僅靠眞義想要活下去是很艱難的。我們不能反對理想主義的最大的理由，是因為它們具有最終目的，即使是錯誤的理想，眞義的部分可以加以否定，然而原則上我們仍不得不承認它。

把理想等於原則，改為眞義等於現實，使對方相信。進而同意和我方合力，這種技巧就是要使理想這個東西，讓對方具體地說明出來的方法。例如「能不能請你將所說的話，更具體的再說一遍。」，等對方具體地表白以後，然後，再說「喔！原來是這樣」如此，讓對方實際表白，理想的影子被退却後，情勢對我們就自會漸漸有利。

「我的理想是可以改變天下國家」這種不切實際的話，缺乏現實性的東西很多。所以，只要我方能夠追求具體性的語句，對方大部分都會慢慢的緩和下來。

＊對理想主義者應該用具體論來對付，使對方能夠明白理想和現實之間有很大的區別。

66. 以有限度的道歉來封鎖對方抱怨的說服術

「對不起」這句話，在法國被謹愼的使用。肩膀稍爲碰到對方，當然會說對不起。生活上，在各種場所這句話也經常被使用，但一旦發生責任問題時，事情就會突然轉變過來。他們不會隨便道歉，始終主張自己的正確觀。

例如：在商店買了洋酒，回家途中運氣不好撞到了人，酒瓶因此破裂，酒灑滿地，這件事如果在日本，雙方各佔一半的責任，可以彼此妥協解決；然而，被撞到的法國人，絕不承認酒瓶破碎是自己的責任，應該是對方的責任。如果隨便道歉的話，對方就會要求賠償，所以，當然不會說「對不起」這句話。

我的朋友在法國時曾經受到住法的日本人警告說：「假定你闖紅燈壓死人，也絕不可道歉，把一切責任推卸給保險公司去辦。」按日本人的規矩而言，是不正確的。可見，法國人對承認自己不對的行爲很愼重，而且很徹底。

我們可以不必像法國人那麼極端，可是，當對方做不滿的要求或抱怨時，我們必須十分小心來使用「對不起」這句話。下面我引用某一個運輸公司，對車禍處理的態度。他們的意思是說：假定公司的車不小心撞到小孩時，而且，對方受了傷，無論對方的家裏怎樣抗議，只能低頭，絕不可以一開始就說「對不起」。

不是司機單方面的錯，或許是小孩子突然從小巷裏跑出來，這種不可抗拒的例子，經常發生。所以，在見到小孩的家長，且原因尚不太清楚的時候，該公司的人通常都說：「這實在太可憐，我們很了解你們一家人的心情」，這樣愼重的選擇話題來使用。同時，愈內行的交通事故處理者，愈能夠圓滿的應付因交通事故受傷的家人生氣的話語。

以上所述，是對抱怨者做一有限度的道歉：「我了解你所說的話，可是，目前原因不太清楚，一切尚在調查之中，所以，我們還不能說出更詳細的話來。然而，我方傷害到你的心情，使我們一直覺得很不對，我先給你道歉。」，只對對方的心情這一點，先做一個有限度的道歉。

人的心理，實在很奇妙。除非是重大的事情，否則，只要能鎭定住憤怒時的情緒，當事者或多或少都會趨於冷靜，不會蠻橫的。

＊事實尚未明顯化時，應付對方的抱怨，我們只能就傷害對方的心情這一點，做有限度的道歉。

67. 先發制人站在心理上比對方更優越的立場的說服術

想必大家都有這個經驗，當彼此約定時間見面時，萬一自己比對方晚到，就會覺得很不好意思，而不容易按照自己的口氣來說話；相反的，自己比對方先到時，心理上自然會產生寬裕，在對方面前總會抱著一種優越感，尤其當對方是難以應付的人物時，這種傾向更強。

如果剛開始在心理上就能比對方站在更優的位置，自然可以影響到後來彼此的談話，因此，便可以按照自己的意思來進行。所以，在交涉的場面中，這種樸實的技術經常會被利用到，因為，能夠比對方早到，就達到了先發制人的地步。

某一所大學曾發表過：第二次招生，要採用口試的方式。結果有二、三個學系的考生，出乎預料的多，推究原因，可能是有些學生覺得，第二次招生，如果是學科考試，自己沒有把握，如果採用面談的方式，自己可能會錄取。這所大學，以教育學系報考的學生最多，本來規定錄取的人數是一百人，但却有六千人報考。

令人感到驚訝的是，如何在一天內完成口試。於是，教育學系當局立刻招開教授會議，大家都認爲：那麼多考生在一天中辦完面試是不可能的。因此，推選代表向系主任建議，停止面試的方式，這位系主任答應他們再考慮，不立即回答。兩天後，系主任請這幾位教授到系主任室。大家都以爲系主任可能會答應他們的要求，於是，匆忙到系主任室。

當時，工學系有幾位教授，也在系主任室，正在和系主任研討實施口試的方法。工學系是始終主張應該實行口試，這位系主任對大家說：「因爲問題是相同，所以，我請各位一起來研究……」。

工學系跟教育學系同樣有困難，然而，聽到工學系要實施口試，使得那些教育學系的教授們，不好意思開口主張「我們教育學系不能舉行……」這句話。這位系主任，很巧妙的運用了工學系教授的話，以制服了教育學系的教授們。

這位系主任又說：「一天如果辦不完，可以分做幾天來做，但我們絕不能對考生宣佈要取消事先通知的考試科目，請各位務必要按照我們實施方向，來加以檢討。」，聽到系主任這番話，大家認爲無論如何要在一天內做完。這眞是人類心理上奧妙的地方，結果，眞的如規定，那一年的入學考試，一天就辦完了口試。

＊對方如果無法接受我方要求時，最好要考慮，如何在心理上佔優勢。

68. 分散對方攻擊力，以便打退其要求的說服術

戰前至戰後這段期間，一直被稱爲「黑幕」或「稀代的寢技師」而君臨政界的政治家三木武吉，似乎跟他所擁有的稱謂不同，善言明朗話語。有一天，受到在野黨議員攻擊說：「身爲公職人員，竟敢擁有四個姨太太，眞可惡！」。他回答時很妙「請讓我對你的話加以訂正，我擁有五個姨太太並不是四個」瞬間，整個會場轟然大笑，使這位來勢洶洶的在野黨議員，尷尬萬分，不敢再追問。

攻擊政敵的技巧之一是「一點突破法」。發現對方的弱點，進而傾全力進攻該弱點，收效頗大。被攻擊者，不得不站在被動的立場，最後會因無法支撐而投降。如剛剛所舉的例子，若三木先生對在野黨的追問，感到徬徨失措，會因姨太太的事件，遭到集中性的攻訐，到時一定會露出醜態。然而，三木先生事先已有了打算，所以，他能以幽默的答辯，使在野黨議員想要發動的一點攻擊法，無法發生效用。

「一點突破法」，顧名思義，就是攻擊的力量會集中在一點，以便發揮最大的威力。因此，想要閃開這種集中性的攻擊法，最有效的辦法是使集中的力量分散。

換言之，三木先生能夠抓住在野黨議員質問的涵義，加以回答「我的姨太太是五個不是四個。」使大家認爲，關於這種事，大部分的人都有並不稀罕，而把攻擊目標分散，使議論的方法模糊不清。

以下述及一段校園紛爭的事件。當時，某一大學教授運用了「攻擊焦點的分散法」度過了排斥講課的危機。

在那位教授的講課時間，屬於學院派的學生們發動「我們要否決協力體制方面的講課內容」。他們在課堂上，聽到這位教授說：「如果你們要排斥我這段時間的授課內容，那麼，對於我的其他講義，如何處理？對於同樣的體制協力者所擔任的講課，若只排斥我一人，而不排斥其他，這是不合理的。」這位教授巧妙地將攻擊目標分散，使這些學生們不再評擊他。

※如果有人要攻擊我們的錯誤時，最好的答辯是「某某人也是一樣或某某人也是如此」，把攻擊焦點弄得模糊。

說服術名言集㈣

◇對傻瓜最好的答覆是沈默。——托爾斯泰

◇相逢、相知、相愛，然後離別，乃是多數人的悲劇故事。——可魯利斯

◇第一次比喻美人爲花的是天才，第二次說同樣辭句的人是傻瓜。——模魯克魯

◇拒絕別人不需太多語言，因爲對方只聽到一句「不」就夠了。——哥德

◇世界的雄辯家都是嚴肅的人物。——愛默生

◇話，是人類所使用最有效的藥。——其本靈

◇肚子餓時，只要數到「十」，發怒時，就得數到一百。——傑佛遜

◇聽到別人在談論自己的壞話時，就會心亂者，並不是大河，只是一個水池。——查地

◇沒有其他動物比人更是屬於非社交又是社交性的東西。——婆羅列夫

◇人生就是一所學校，不幸比幸福更是你的好老師。——佛利傑

◇善經常包含著惡，極端的善會成爲惡，極端的惡，却不能成爲善。——威利

◇要了解人類，只要研究自己就可以了。——杜庫勒

第五章
厚黑說服術 能使對方了解我方的意思

69.二選一使對方早點下決定的說服術

風評很高的花花公子記載著，某一個男演員在發表的對話。他說，他每次說服女性時，總是說：「妳要回家，還是要在這裏過夜」，他絕不會說：「妳要在這裏過夜，還是回家」。我認爲他不愧是一位花花公子，對他的說服術感到欽佩。

當女性聽到「妳要回家嗎？」就會有安心感，同時也會有輕微的失望感。因爲，她潛意識裏會期待對方來引誘她，然而，却出乎自己預料。因此，再添上一句「還是要在這裏過夜？」刹那間，失望感全失。假定她不回答，而保持沈默，便是答應的一種表示。

這位花花公子的確很了解女性的心理。若頭一句話「妳要在這裏過夜嗎？」她就會有警戒心，接著再說「還是要回家」，萬一對方保持沈默，不就等於要回家。大部分女性都不好意思說：「自己願意留在這裏過夜」。

所以，我說，這位男演員非常了解女性的心理。假定在兩個人氣氛甜蜜時說：「妳要在這裏過夜，還是要回去？」這對女性而言，是最緊張的場面。此時，應該假裝尊重對方的意思，讓對方選擇，所以，這的確是厚黑說服術。

我們碰到迷惑的人，儘可能讓他在兩項中選擇一項，最好是選擇我們希望的那一項。但讓對方直接意識到的話，反而增加了對方的警戒心，或許會有反對的結果。

所以，首先應該打聽對方的意識，再利用排列法將我們的目標放在最後一項。據說，百貨公司的內行店員，當顧客購買物品後，就會這樣問：「要我們替您送到家呢？或者是您自己拿回家？」這時，大部分的顧客，總會回答說：「不用了，我自己拿回家就可以了。」因此，百貨公司可以省下一筆經費。

我們對於不喜歡的人，又不得不敷衍時，最好這樣問：「我們今天去喝酒好呢？或者是下一次再去？」對方十之八九都會回答說：「下次再去。」這是利用人都會將結論或決定拿到後面的心理因素。

＊當對方迷惑時，最好以我們期待的目標擺在最後面，讓他做選擇。

70.用「時間差攻擊」來實現自己主張的說服術

我有一位親友，山崎富治先生，在山種證券公司任董事長。他自大學畢業後，就在其父親山崎種二創辦的公司服務，不久公司的一切都由他一人經營。然而，他父親是一位相當自信、頑固的人。因此，他爲了說服他的父親，費了相當多的苦心。

進入公司五年中，幾乎每天都在爭吵。最後，富治先生了解到他父親的偉大，學會了不加以反駁，默默聽講，等到彼此冷靜時，才把自己的主張說出來，如此，他父親較容易接受。

推銷員處理發牢騷的顧客的原則之一是：「換人、換場所、換時間。」首先，代替推銷者而直接讓顧客抱怨的，有主任或股長，然後向他們說：「在這裏，我們不方便聽您的意見。」，就將顧客帶到另一室內。

當顧客情緒激動或彼此交談觸了礁，最好以「我們詳細調查後，再通知您……」，緩和緊張氣氛，可避免得罪對方。

富治先生的例子，是說明了「變時」的效用。他利用時間差的奧妙，使原本頑強的父親了解他的意見。

我們都會有這樣的經驗：前天晚上寫的情書，今天再看時，總是有些地方需加以修改，才能使這封信的內容完美。那是因爲，隔了一夜，使我們能以客觀的立場來批評這封信的遣詞用句。

總之，對於固執、不易說服的人，最好先聽他們發表的意見，再選擇適當時機，表達自己的觀感。常言道：「欲速則不達」，把握住對方的心態，巧妙地誘導，是很有效的說服術。

✱應付頑固者的最佳法子是：今天先聽他的高論，隔天再反駁，成功率較高。

71.讓對方滿足眼前的要求而却忘了原本的慾求的說服術

曾經以深層間接法而聞名的美國心理學家利基達，在德國某家機車廠服務期間，使機車的價格節節上升，使該廠的業務蓬勃發展。

當機車開始銷售時，該廠以「本公司的機車堅固、耐用」做爲宣傳標語。然而，正值一般人喜愛機車時，該公司的機車銷售量却猛烈下跌。

最後，這家機車廠決定聘用利基達，委託他實行深層間接法。他了解到所謂「堅固、耐用」這種宣傳標語的缺點：無法令顧客對該廠機車產生好奇，以激發他們的購買慾。因此，利基達提議將機車警笛裝置，改換爲汽車警笛，同時，把汽車零件裝設在機車裏，才使得該廠機車銷售量，直線上升。

同樣的做法可以用在脚踏車，將脚踏車安裝變速齒輪，雖不能成爲機車，却能刺激消費者，如同在機車上設置汽車的鳴笛一樣。或許是具有某些類似點，可令顧客好奇。

最能引發效果的物品是「機能上的類似性」。如送給喜愛吃巧克力糖的小孩子巧克力型的板塊，他們一定相當沮喪；然而，即使是送板塊給正在辦家家酒的小孩，他們也會欣喜若狂。

只要能利用心理學的方法，就能以廉價的東西來滿足對方對高價物品的慾望。如父親對吵著要腳踏車的小孩子，通常會買玩具腳踏車給他，若不能購買到在機能上有類似性的零件，就難以令孩子們滿意。

譬如，小孩子因為想到外面急行，所以要求有一部腳踏車，那麼，買一雙像滾筒式的溜冰鞋，自然可使他滿足。總之，活用利基達的深層間接法，對方的反應會大大不同。

＊如果，小孩子要脚踏車時，記住！只要買滾筒式溜冰鞋給他，就會令他滿足。——善用利基達深層間接法。

72. 攻擊精神和身體異常時的說服術

前幾天，我看了摩那哥王妃葛利絲凱麗當明星時所主演的電影「上流社會」，這部偉大的音樂影片，是以路易·阿姆史脫倫的名曲「上流社會」爲背景，以她爲中心，有二個男子交互對她說服，我發現這個情景都在傍晚至入夜的時刻。

戀愛中的情侶，總喜歡在傍晚時分互訴心曲。據說，夕陽散發的光暉，富有柔和氣氛，人的對抗力會薄弱，特別是女性。然而，就心理學上而言，有更深一層的涵義。

我們具有支配身心的所謂「生理時間」，在傍晚的時刻最易迷惑。

生理時間是主管人類生理和心理的自然規律。如果生理時間不協調，就會身體疲勞，思考遲鈍，緊張感淡薄。傍晚車禍發生率較高，是因爲在此時生理時間不調和的緣故。比起男性來，女性情緒更善變化，因此，在傍晚時刻，精神陷入不安狀態，變得多愁善感，所以說服女性最好利用傍晚。至於男性，因爲長時期的社會經驗，已培養出「生活的智慧」，情緒較穩定，生活時間不易發生衝突。

然而，有時男性也會有生理時間不協調的時候。譬如，煽動的天才家希特勒，喜歡在傍晚集會，做說服性的演講，他就是利用人類心理的傾向，以言語猛加攻擊。

巧妙地攻擊心理時間變調的技術，同樣可以運用在企業界。譬如，和強硬的顧客接洽生意，或要使開會的結果對我方有利，最好選在黃昏時。

還有，在疲倦或飢餓時，精神會紊亂，思考力降低，平常容易產生懷疑的問題，此時，很可能同意我方的意見。因此，可以利用這種狀況來進行事務。

＊最好利用傍晚、疲倦或飢餓時刻，和難以應付的人交涉各類的事情。

73. 灌輸先入觀，再加以誘導的說服術

你曾經有過這樣的經驗嗎？計程車司機一邊聽棒球比賽的轉播，一邊說：「今天的巨人隊怎麼搞的，連續失策，已找不到更好的投手。」，當你聽到這句話，該如何回答？如果，我們不是賭說巨人隊贏，很容易脫口而出：「是嗎？那好極了！」，那麼，下一刻我們得提防計程車司機因生氣而開快車。

如果，司機說：「眞氣人」或「今天我贏定了」，我們自然明白司機的意向。

以上所述，是聽者所應注意的情況。如果，我們是講話者，千萬別使聽話者不明究竟，不知如何回答，因此，先知道對方的立場，再侃侃而談，才能言中對方的心。

所以，聽到那位司機的話後，最好回答：「唉呀！我眞佩服」，或者「眞氣死我了，不能原諒他」，甚至說「或許我的話過分一點」，在對方先有個印象「我眞佩服」，且在心理上以為不

可能有其他評語時，進行誘導，較易說服。

我們不清楚對方的意見時，應該用上述的技巧，加深對方的感覺，以便使自己喜歡的行動被採納。

以「客觀報導」爲主的新聞，記者們對情報的選擇、編採的內容，多少會滲入自己的意見，何況是一個說服者。愈有利的資料，愈高妙的技巧，愈能說動人。

※首先，評價事情的好壞，讓對方心理上產生強烈的印象。

74. 假裝將決定權託付對方的說服術

我有一位朋友，在單身時期，就宣佈自己是個「大男人主義者」，然而，婚後我去看他時，意外發現他竟是個太太主義的人。

「他不是主張大男人主義嗎？爲什麼會變成太太主義呢？」我想大概是他太太的說服術很好的緣故。照他說：「過去，對孩子的教育或買房子……等問題，都和太太商量，在我認爲一家之長，主要是提出結論，然而，經過一段時間，我發現自己總是按照太太的意思行事。」

他的太太經常使用的手段，絕不是三段論法的說服術，而是利用「這該怎麼辦？有沒有其他更好的方法」來徵求他先生的建議。

他太太一切事總委託他決定，增強他的自尊心，心情愉快，以爲凡事都是他自己在做決擇，實際上，却都是他太太的主張。

似乎，他太太比他更能掌握說服的技巧，更瞭解人性的弱點，故意讓對方「抓住解決權」。遇到難說服的人，不妨用這種辦法，的確能有效地解決問題。

委託對方做決定，確實可以煽動對方的自尊心，使對方自認爲立於優越位置，他們會覺得自己控制了一切，然而，往往操作權都掌握在我方。

最重要的，要使對方以爲「一切的主宰權都讓給了我」，如此，不管他有怎樣好的智慧，我們都可依照自己的想法，誘導對方。因爲，提高自尊心，只要是具有優越感的人，都會變得寬容，很容易陷入我們構想的意見。

不論遇到怎樣頑固的人，只要按照上述的做法，總會使他軟化下來的。

＊對難以說服的人，應該說：「請問，有沒有更好的辦法？」來反問他。

75.不要逼迫他讓他自己決斷的說服術

近來，大部分年輕人都擁有音響設備，姑不論價格的高低，當他們下決定的利那間，似乎不容易。

製造音響的廠商，爲了應付這些年輕人的購買慾，因此，設計了各式各樣的機種，利用巧妙的推銷術。

我有一位很喜歡音響的親戚，他在大學時代，爲了買音響，就去逛電器街。終於，找到一家音響店，裏面有自己想要買的機種，價錢也符合自己的預算，然而，却沒有勇氣踏進去。

他在店門口徘徊，這時，一位老店員走出來跟他說：「先生，我看您還不知道選擇那一種才好，您不妨先到別家看看，因爲，畢竟音響不是便宜的東西。」我那位親戚，於是到了另外幾家看，然而，心中總是想著那組音響，不能將心情穩定下來，最後，決定將剛才那套音響買下來。

我覺得那位店員，雖是個生意人，却很懂得人類的心理，能夠誘導顧客。如果，那位店員一開始便說：「你絕對放心，買我們的東西，絕不會吃虧。」說不定，他會放棄購買那套音響的念頭。

我們通常在碰到迷惑的人時，總會儘量說服他，以便及早決斷。却不知，這樣會給對方帶來心理負擔，反而遲遲難做決定，甚至會使雙方瀕臨決裂。按照理論，當心理受壓迫時，都會選擇輕鬆的路走。

想要使對方依我們的意願來做決斷，就得有那位老店員的耐心，否則，只會讓對方背道而馳。

上述的說明，並不是利用迂廻戰術，只是讓對方在下決斷前有充裕的時間，以緩和緊張的情緒。他們心情的悠閒，對我方有利的決斷比例較高。

＊碰到購物時感到迷惑的對象，我們能夠說一句「請您到別的地方看了以後，才決定。」，反而，令顧客有購買的傾向。

76. 掩飾自己主觀的說服術

自古以來，總是有一些人善於演講，當他揮起拳頭時，聽衆也會揮起拳頭。如德國的希特勒、義大利的墨索里尼，以及現在古巴的卡斯特，都是個成功的演講者。

他們能和聽衆結成一體的原因，是他們所用的語詞、態度或所說的話，都不是他一人的事，而是和聽衆息息相關的，因此能深植在聽衆的心理。他們常說：「我們這種表現」，由於不是說『我』，而是說『我們』，使聽衆們產生「命運與共」的意識。

日本政治家也常用「我們」這二個字。譬如：「我們應該早一天使牛肉自由化」，或「我們能吃到廉價的牛肉」，聽了這些話，國民都有牛肉自由化的印象。事實上，「我們」無非是政黨一方的意願，或使政黨團體得到某種利益而已。

當然，欺騙國民是不對的行爲，然而，我們可以向這些政治家學習說服人的技巧。有些人討厭被迫下決定，因此，不論我方多熱心的說明，多合乎道理，他們總是有抗拒的心理，無形中築起一道自我的牆壁，連聽都不想聽。

使這種人配合自己的意見，最好的辦法，就是他們未躲進自我牆壁內側以前，先使用「我們」這二個字，使他們感覺彼此有共同點。因爲，這類型的人，對自我很敏感，歸屬意識很強。所以，唯有巧妙運用「我們」，以便解除對方的防衞，進而表示同意我方的說法。

如果是男女間，不要說「我和你」，而說「我們兩個人」，比較能夠使對方感到兩人是一體的，如此說服起來容易多了。假若你是一個主觀性很強的人，平常更應該常用「我們」這二個字眼。

＊為了掩飾具有強迫性的語詞，最好以「我們」來代替「我」這一個字。

77. 假裝站在對方的立場講話的說服術

以家庭主婦為主的電視節目中，每週總有一次播出人生指導的項目，聽說當天的收視率比平常高。

人生指導這個節目有這麼高的收視率，也許和人類有幸災樂禍、殘酷心理的一面有關。我以前看過此節目好幾次，覺得指導者說服請教的人，的確具有相當強的說服力。

開始，大部分的請教者總會對指導的人提出反駁或辯解，然而，慢慢地他們會同意指導者的見解，這種心理變化比差勁的連續劇更吸引人。同時，我認為人生指導好比說服術的實驗場所。

人生指導節目的指導者，都聘請高度說服力的人來擔任，可是，一旦到事情癥結時，他們用的「妙法」似乎很相似。

指導者經常站在對方的立場來比喻，譬如說：「如果我是你的話，我一定會原諒你先生，我不會隨便和他離婚。」這實在是巧妙的心理技巧，很容易引起對方的錯覺，而被說服下來。

人總覺得自己最可愛。本性上，以對方的立場來考慮對方的人，無論對任何人都擁有說服力。

※因為，站在對方的立場做說明，能夠使人把自己的利益被認為是對方的利益。

78. 刺激對方使他接受討厭的事的說服術

世界著名的小提琴家鈴木鎮一先生，對不想練習的孩子，常會刺激他們說：「你連這件事都不會，所以你才不想練習。」

我常和小學生接觸，比較了解他們的心理。對於懶惰不肯自動自發的孩子，不要直接責備他們，最好說：「我想你做這件事太勉強了，不是嗎？……」來激勵孩子們，所得的效果更大。

「故意刺傷對方自尊心」的說服術，同樣可以用在大人身上。往往有些人勉強他們做事，只是白費力氣，不妨以刺激的方法，可能會有良好的結果。

人受到強迫時，就會故意反抗。我今年年底，參加朋友舉辦的尾牙，在宴席上有一項猜拳比

●選擇思考力較弱的傍晚時分

●當對方拒絕時，最好回答「這樣才好」

對不想聽話者的

●不要正面提出要求，而以自言自語方式說出

●剎那間，保持沈默看看

賽，首先規定：第一次出石頭。然而，大部分的人，都先出紙，連這種小事，都有人故意違抗，可見人類心理的奧妙。

對於反抗意識很強的人，不要以命令語氣逼迫他們，最好說「我想你大概是不會吧！……」來說動對方。因爲，當自我受到傷害時，會不服輸，拼命地達到目的。

週刊雜誌的記者們，使用這種技巧的人很多，他們常因此，而採訪到珍貴的消息。

＊當對方不願意時，以「我想你不是不願意，可能是不會吧！」來刺激他們，以達到目的。

79. 使難以應付的對象接受我方要求的說服術

「推銷員就是從被拒絕開始」，這是被稱爲推銷大王的E．G利達曼所說的話。的確，推銷員必須在受到拒絕後，不斷地求突破，才能夠達到說服顧客的目的。如果，碰到拒絕就退却，一定不會成爲成功的推銷者。

有本領的推銷員，當受到顧客拒絕時，絕不會退却，而能馬上說：「請您聽我說明一下就好」，或者是「借用您幾分鐘的時間」，提出對方容易接受的條件，繼續進攻。

除非顧客已經擁有該種產品，或者是眞正很忙碌，大部分的人聽到合理的要求時，都不容易拒絕，認爲只聽幾分鐘的說明不成問題，推銷員的目的便達到一半。

如此，一旦能攻破對方的防線，五分鐘可能變成十分鐘，十分鐘可能變成二十分鐘，可見讓顧客購買東西，並不是件很困難的事。

80. 讓苛刻的要求順利通過的說服術

首先，有意地做適度請求，再逐漸誘導對方，以打破他們的警戒心及排他感。須知，我們只要衝破顧客的第一道防線，就很容易使他們讓步，這或許是人類心理的缺陷之一。日常生活中，常常可以看到利用人類心理的說服術，譬如善於向人借錢的人，假定要借一百萬元，一定不會先說：「請你借我一百萬元，好嗎？」

他首先提出五千元或一萬元，先解除對方的警戒心。然後，再看情形，適時說出金額數目，當對方很順利的落入話勢中，說服對方等於成功了一半。

＊對於難以應付的對象，先給他容易接受的小條件，來突破他的警戒心。

某一個精密機械工廠，想開發一批新產品，他們將設計圖拿到衞星工廠，要他們如期交貨。然而，當交貨期快接近時，衞星工廠的人將半成品送到該精密機械工廠。精密機械工廠的人認爲沒有按照預先的計劃去做，要求衞星工廠重新製造。可是，衞星工廠却認爲，該產品是依照契約上的說明來生產的，而堅持不修改。如此僵持不下的氣氛，在工程中常會遇到的。

正在這個時候，機械工廠的廠長來，知道詳情後說：「我們認爲應該做到預計程度的完成品。當貴工廠來替我們完成到這地步前，我們尚不知有這麼多的問題存在，不過，能夠做成好的產品來推銷，對你我雙方都有利，所以，我希望你們能夠再進一步的研究。」

聽了廠長的這番話後，衞星工廠的人說：「好吧！我們再盡力研究看看。」很樂意的表示要帶回去重新製造。

我認爲這位廠長說話的技術很高明，要求交貨期間快到的衞星工廠重新做，的確是件不容易的事。一般人總認爲對方既是衞星工廠，就得按照我們的意思做，這樣很容易使雙方感情破裂。聰明的說服者，不會只說對我方有利的話，他們一定會站在對方的立場設想一番，同時也會說些安慰對方辛勞的話，因此，交涉事情自然會收事半功倍的效果。

所以，我們應該學習這位廠長的說話技術，安慰對方，同時也能說出對衞星工廠有利的話，以便達到目的。

※要拜託對方重新改造，應該說一聲「因為你們做到這個程度，我們才發現有問題。」

81.卑下自己製造對方心理鬆懈的說服術

以前世界拳擊冠軍輪島功一先生，當他向前任的冠軍衞冕者挑戰時，有下面一段小插曲：

在比賽的日子將近時，他們舉行了記者會。當二人出現在會場時，輪島先生的姿態，令很多記者不忍直視他，因爲，他的臉一半用面罩蓋住，而且又穿著很厚的外衣，其實不論任何人看到輪島功一先生這個樣子，都會認爲他的身體狀況很不好。

相反的，當天的衞冕者神采煥發、身體健壯。在場的人都認爲：還沒比賽，勝負大致已可決定了。可是，正式比賽時，輪島功一先生得到壓倒性的勝利。推敲輪島功一的做法，可能是故意讓對方鬆懈。

不管工作或任何事情，要說服懷有敵意的對象是很困難的。如果面對面的抵抗，只會增加對方的敵對意識。萬一，我方的利益被發現時，敵對的一方更會想盡辦法來破壞。因此，對這種對象的說服，最好選擇時間和場合來進行。巧妙地掩飾我們內部，封鎖對方的敵抗意識，是很重要的。

一般而言，人在評估周遭的對手時，對卑弱者容易疏忽，說服就應該利用這種弱點。譬如，在敵方面前故意說：「我沒有什麼把握」，或「我覺得自己無法順利贏你」等一些膽怯的話，來卑下自己，減輕對方的敵抗意識。

當對方的心情鬆懈時，我們便可趁機行事。讓對方沒有準備體勢的時間，誘入我方所設想的方向，欺瞞就可以成功。

當輪島功一先生打倒衞冕者時，衞冕者很不能相信，一直呆然地聽著裁判員數著一、二、三……

＊對抵抗意識很強的人，最好說一聲「我不太有自信」來引誘對方大意。

82. 煽動對方優越感的說服術

我聽某一個內行的助選員說：「通常快要落選的候選人，使用最後的辦法是『銀彈攻擊』，或發動太太和孩子們向投票人哀求，即一般所說的『哀兵戰術』。」在大都市的競選中不容易看到這種情形，但在鄉下的選舉活動中，經常會出現候選人帶著家人站在街頭哀傷說：「懇請惠賜一票」這樣的做法，往往使得票數字改觀。

由此可知，人對弱者常會表示同情，因為，哀求能使對方產生優越感，不知不覺中會接受哀求者的請求。這種心理構造可以當做日常生活的說服技巧來應用。

例如，這筆生意想盡辦法仍無法說服對方，最後，常常有些人會說：「請你站在我的立場想想看吧！」這句話隱藏著「如果你站在我的立場想的話，應該不會說出那麼不合理的條件。」或者是說：「你應該稍微替我想想」很含蓄地非難對方。當對方聽到我們哀怨的話語，自然而然對零零碎碎的條件不關心，不知不覺中，會順著我方的意思。

當然，我們應該經常站在比對方更優越的位置，才是說服術的大原則。以哀求姿態來引誘對方的心理戰術，只能偶而應用。

這種技巧，我不敢鼓勵你常常使用。因為，同樣的行為反覆實行，慢慢的會成為那個人的心理特性。如果是一位有支配行動的人，常常留下暗示，卑屈自己，絕不會受到別人的信賴。

※裝著哀求的表情，暗示對方的不是，容易打動難敵的心。

83. 引用權威者說的話以提高自己言論分量的說服術

這是「大家都知道的事實」，聽到這句話時，會有似乎知道的感覺。在新聞或雜誌上的書評，只要是有權威的人讚美的書，大家都會認爲是好書，縱然是從未聽過名字的年輕作家所寫的書，也會有很多人去購買。

這是一種錯覺，人們往往會將推薦的人和推薦的書混爲一談。這種心理現象，在日常生活中常發生，如電視的商業廣告或其他宣傳海報，常聘請名人或權威者來宣傳，便是應用人類的心理。又電視廣告可以反覆播送，使商品的特性深深印在觀衆的心裡。所以，善於說話的人，常常會引用名人或權威者的話，來提高自己言論的價值。

使用這種技巧，必須要引用恰當。譬如，電視的商業廣告，在宣傳商品特色時，如果和標語不一致，會得到相反的效果，豈不可惜。

譬如：以製造健康酒爲主的中藥廠商，爲了擴大營業，利用電視廣告做宣傳，他們打破傳統的做法，提出現代化的衞生工廠設備，及聘請有名的演員做宣傳，想抓住年輕階層。結果，却完全失敗。因爲，無論男女老幼對健康酒的一貫傳統，是要求信賴感和安心感，絕不是在求其合理性或新鮮度。

總之，引用名人或權威者以提高我方產品時，先要能正確的把握住對方的期待、對方的弱點，才能發揮最大的效果。例如，對一位高傲的上司，想說服他某些方面的措施時，如果這位長官對科學很有興趣的話，我們可以無意中說：「諾貝爾得主F博士也這麼說」，誘導上司重視我們所提出的構想。

＊引用名人的發言，來證實自己的意見，也能引起對方的關心。

84. 顯示大綱或讓對方贊成細節的說服術

人有二種類型：一是只考慮大綱，一是只考慮細節。然而，一般都認爲抓住大局的人較好。前者的說服方法是，向對方聲明「詳細的支節，我們另外再討論。」強調大綱已經一致了，以穩定被說服者的心。譬如，十分之七已經一致，只剩下三個問題在爭論，便可以使對方認爲大致上已朝雙方都能理解的方向進行。

這時候，故意說「大體上」或「我們在大綱方面」或「就全體看來」等幾句話比較有效。如果能夠使對方以爲大致已經得到同意，他們的心會逐漸鬆散，認爲其他三個還沒解決的條件，應該也能夠達成協議。

如果我們要說服的對象，特別拘泥於細節，這時候，我們需要誇張細節的共通點，以打開對方的心。也就是說，拋開大綱，暫時不談它，誇大僅有的一些一致點，可以敲破對方拒絕的牆壁，達成協議。

各位或許都已經知道上面所說的兩種技巧。前者，先使對方同意大綱，然後，強調支節中相同意見的地方，使對方因大部分已經一致而感到安心，再將他引入眞正爭論的細節加以說服；後者，讓對方著眼於細目而忽略全體性，來進行遊說。所以，這二種技巧的要點，必須先了解對方是那種形態的人而決定。

＊先聲明「就全體上看來」讓對方對大綱表示同意，就容易使對方連細節都同意。

85.裝出「捨不得提出」的表情，使對方注意傾聽的說服術

對工作遲鈍的部下或對還沒有完全把握住工作要領的新進職員，只說：「你要認眞做」或「多用腦筋想想」等，並不會發生效用。當然，適時的勉勵有時候是必要的，然而，對上述的二種人，給予他們具體的指導，更重於精神上的鼓勵。

人的心理很複雜，不管任何事，上位的人指導下面的人直接做事，往往會令部屬產生壓迫感，甚至會引發他們反感而不肯採納。所以，碰到這種情形，最好裝出一副「捨不得提出」的表情，讓部屬們覺得，這時候不聽將會錯過很好的學習機會。

假定要教導幾個項目時，不要一次把所有的要領全說給他聽，最好表現出「很捨不得」的樣子，一樣一樣慢吞吞地說出來。「好！我只教你一個」或者「目前，只有我和課長知道這件事」引發對方的興趣，他們很可能更積極地傾聽、學習。因爲，在他們的心理會認爲很重要或當做秘密一般的專業技巧，一旦產生這種心理，自然不會有被迫的感覺，自然會耐心地接受。

最後，就我本身的經驗，再做說明。一位實習教學的老師，有一天，跑到我這裏來說：「校長，我們班上的學生，不知怎麼搞的，我始終無法跟他們打成一片，是不是我不適合當老師」。我仔細考慮後，對她說：「我只告訴妳一件事：妳應該忘記妳自己是老師。」她覺得很不可思議說：「這是什麼意思呢？」我回答說：「就是要妳不要特意的去考慮老師和學生的關係。」她沈默一會兒說：「嗯！有道理，那麼具體上應該怎麼做……」她對我的話產生興趣，自動的反問，結果接受我很多的指導。

＊要指導對方，最好先說：「只有一項說明」，更能夠引起對方的關心。

86. 強調對方的重要以使其答應的說服術

美國卡內基曾說：「把對方當做重要人物，以誠意來要求合作的話，敵人也可以變成朋友。」人受到別人尊敬時，會感到特別愉快，縱然是拍馬屁的話，也會有興奮的感覺，尤其是自尊心愈高的人，愈有這種傾向。

通常像這種自尊心很強的人，都是很難應付的人，因此說服他們，必須花費很大的精神，尤其是討厭的事情或麻煩的事要拜託他們時，更要用心。

這種形態的人，要讓他樂意接受我們的意見，最好的辦法是在有意無意之間煽動對方的自尊心。自尊心很強的人，大都是對自己很有自信，不管做任何事都認為自己有與衆不同的手法，不喜歡別人將他看成平凡的人。

所以，有事要求他時，最好強調他的重要，說明他是最適當的人選，千萬不可讓他感到「我是從很多人中，偶然被選出來的。」這樣，再把所要拜託的事提示出來，就可以發揮效果。

我認識一個管理職位的人，過去好幾次，因為種種理由，不得不把自己的部屬派到鄉下服務，那時候，他就運用如下的說服秘訣。

首先，他把派部下去的那個營業所，毫不客氣地嚴厲批評，然後說：「照這樣下去，我認為那個營業所早晚得關門，必須現在趁早想辦法……可是又不能隨便派一個人去，如果沒有相當的實力，派到那裏去也沒有用。」結論是說：「想來想去你是最適當的人選。」

從都市調到鄉下，總會使人不高興，然而，這些被派到鄉下地方的部屬們，聽了他的話後，很樂意的接受。聽我那位朋友說，他過去從來沒有因調動而發生問題。他能夠巧妙運用人類心理的管理技巧，令我感到佩服。

※自尊心比較強的人，最好先煽動他的自尊心，來使他樂意接受我們拜託他的事情。

87. 先控制對方的情緒再予以封殺的說服術

交涉席上，必須說出對方不利的條件，或者是想要傳達可能會刺激對方的內容時，總會先說明一些原因，來控制對方的情緒。企業界也常碰到這種場面，這時候，如果冒然開口，對方在聽到你講話的瞬間，不快感就壓住整個心，自然會拒絕我們的提議，如此的話，就愈來愈不容易說服。所以，遇到這場面，開始說話之前，必須先製造讓對方容易接納的話題，然後慢慢導入正題，比較有效。

例如，進入主題以前，先說一句：「我想我這樣說，你也許會生氣……我也知道你會生氣，但是又不得不說」，或者是說：「我知道你聽了以後一定會生氣，但是又不得不說……」對方自然不好意思隨便生氣。因爲，對方已經知道我們了解他可能會生氣時，自然不好意思發脾氣。

此外，人都有防衛的本能，自己的態度被對方猜著時，就會產生「我是不會如你所想的一樣」的心理。將這幾個要素重疊起來支配那個人，自然可以使他不好意思將氣憤表現出來。

總之，對方可能會爆發的衝動，我們得事先控制，猶如鎖著手銬脚鐐的人，使他們無法意氣用事，然後，漸漸導入主題。本來會使對方生氣或不愉快的內容，也比較能夠令他冷靜下來，接受我們的意見。

與其讓對方發狂似地反駁，不如利用人類的防衛本能或自尊心，來控制對方的情緒，較容易說服。

※當我們的話題很容易引怒對方時，不妨先說一句：「我怕你會生氣」，以減低對方的氣憤情緒。

大展出版社有限公司	圖書目錄
地址：台北市北投區11204 致遠一路二段12巷1號 郵撥： 0166955～1	電話：(02) 8236031 8236033 傳眞：(02) 8272069

•法律專欄連載•電腦編號58

台大法學院 法律學系／策劃 法律服務社／編著

①別讓您的權利睡著了[1]	200元
②別讓您的權利睡著了[2]	200元

•趣味心理講座•電腦編號15

①性格測驗1	探索男與女	淺野八郎著	140元
②性格測驗2	透視人心奧秘	淺野八郎著	140元
③性格測驗3	發現陌生的自己	淺野八郎著	140元
④性格測驗4	發現你的真面目	淺野八郎著	140元
⑤性格測驗5	讓你們吃驚	淺野八郎著	140元
⑥性格測驗6	洞穿心理盲點	淺野八郎著	140元
⑦性格測驗7	探索對方心理	淺野八郎著	140元
⑧性格測驗8	由吃認識自己	淺野八郎著	140元
⑨性格測驗9	戀愛知多少	淺野八郎著	140元
⑩性格測驗10	由裝扮瞭解人心	淺野八郎著	140元
⑪性格測驗11	敲開內心玄機	淺野八郎著	140元
⑫性格測驗12	透視你的未來	淺野八郎著	140元
⑬血型與你的一生		淺野八郎著	140元
⑭趣味推理遊戲		淺野八郎著	140元

•婦 幼 天 地•電腦編號16

①八萬人減肥成果	黃靜香譯	150元
②三分鐘減肥體操	楊鴻儒譯	130元
③窈窕淑女美髮秘訣	柯素娥譯	130元
④使妳更迷人	成　玉譯	130元
⑤女性的更年期	官舒妍編譯	130元
⑥胎內育兒法	李玉瓊編譯	120元
⑧初次懷孕與生產	婦幼天地編譯組	180元

⑨初次育兒12個月	婦幼天地編譯組	180元
⑩斷乳食與幼兒食	婦幼天地編譯組	180元
⑪培養幼兒能力與性向	婦幼天地編譯組	180元
⑫培養幼兒創造力的玩具與遊戲	婦幼天地編譯組	180元
⑬幼兒的症狀與疾病	婦幼天地編譯組	180元
⑭腿部苗條健美法	婦幼天地編譯組	150元
⑮女性腰痛別忽視	婦幼天地編譯組	150元
⑯舒展身心體操術	李玉瓊編譯	130元
⑰三分鐘臉部體操	趙薇妮著	120元
⑱生動的笑容表情術	趙薇妮著	120元
⑲心曠神怡減肥法	川津祐介著	130元
⑳內衣使妳更美麗	陳玄茹譯	130元
㉑瑜伽美姿美容	黃靜香編著	150元
㉒高雅女性裝扮學	陳珮玲譯	180元

•青春天地• 電腦編號17

①A血型與星座	柯素娥編譯	120元
②B血型與星座	柯素娥編譯	120元
③O血型與星座	柯素娥編譯	120元
④AB血型與星座	柯素娥編譯	120元
⑤青春期性教室	呂貴嵐編譯	130元
⑥事半功倍讀書法	王毅希編譯	130元
⑦難解數學破題	宋釗宜編譯	130元
⑧速算解題技巧	宋釗宜編譯	130元
⑨小論文寫作秘訣	林顯茂編譯	120元
⑩視力恢復！超速讀術	江錦雲譯	130元
⑪中學生野外遊戲	熊谷康編著	120元
⑫恐怖極短篇	柯素娥編譯	130元
⑬恐怖夜話	小毛驢編譯	130元
⑭恐怖幽默短篇	小毛驢編譯	120元
⑮黑色幽默短篇	小毛驢編譯	120元
⑯靈異怪談	小毛驢編譯	130元
⑰錯覺遊戲	小毛驢編譯	130元
⑱整人遊戲	小毛驢編譯	120元
⑲有趣的超常識	柯素娥編譯	130元
⑳哦！原來如此	林慶旺編譯	130元
㉑趣味競賽100種	劉名揚編譯	120元
㉒數學謎題入門	宋釗宜編譯	150元
㉓數學謎題解析	宋釗宜編譯	150元
㉔透視男女心理	林慶旺編譯	120元

㉕少女情懷的自白	李桂蘭編譯	120元
㉖由兄弟姊妹看命運	李玉瓊編譯	130元
㉗趣味的科學魔術	林慶旺編譯	150元
㉘趣味的心理實驗室	李燕玲編譯	150元
㉙愛與性心理測驗	小毛驢編譯	130元
㉚刑案推理解謎	小毛驢編譯	130元
㉛偵探常識推理	小毛驢編譯	130元
㉜偵探常識解謎	小毛驢編譯	130元
㉝偵探推理遊戲	小毛驢編譯	130元
㉞趣味的超魔術	廖玉山編著	150元
㉟趣味的珍奇發明	柯素娥編著	150元

•健 康 天 地• 電腦編號18

①壓力的預防與治療	柯素娥編譯	130元
②超科學氣的魔力	柯素娥編譯	130元
③尿療法治病的神奇	中尾良一著	130元
④鐵證如山的尿療法奇蹟	廖玉山譯	120元
⑤一日斷食健康法	葉慈容編譯	120元
⑥胃部強健法	陳炳崑譯	120元
⑦癌症早期檢查法	廖松濤譯	130元
⑧老人痴呆症防止法	柯素娥編譯	130元
⑨松葉汁健康飲料	陳麗芬編譯	130元
⑩揉肚臍健康法	永井秋夫著	150元
⑪過勞死、猝死的預防	卓秀貞編譯	130元
⑫高血壓治療與飲食	藤山順豐著	150元
⑬老人看護指南	柯素娥編譯	150元
⑭美容外科淺談	楊啟宏著	150元
⑮美容外科新境界	楊啟宏著	150元
⑯鹽是天然的醫生	西英司郎著	140元

•實用女性學講座• 電腦編號19

①解讀女性內心世界	島田一男著	150元
②塑造成熟的女性	島田一男著	150元

•校 園 系 列• 電腦編號20

①讀書集中術	多湖輝著	150元
②應考的訣竅	多湖輝著	150元
③輕鬆讀書贏得聯考	多湖輝著	150元

•實用心理學講座• 電腦編號21

①拆穿欺騙伎倆	多湖輝著	140元
②創造好構想	多湖輝著	140元
③面對面心理術	多湖輝著	140元
④僞裝心理術	多湖輝著	140元
⑤透視人性弱點	多湖輝著	140元
⑥自我表現術	多湖輝著	150元
⑦不可思議的人性心理	多湖輝著	150元
⑧催眠術入門	多湖輝著	150元
⑨責罵部屬的藝術	多湖輝著	150元
⑩精神力	多湖輝著	150元

•超現實心理講座• 電腦編號22

①超意識覺醒法	詹蔚芬編譯	130元
②護摩秘法與人生	劉名揚編譯	130元
③秘法！超級仙術入門	陸　明譯	150元
④給地球人的訊息	柯素娥編著	150元
⑤密教的神通力	劉名揚編著	130元
⑥神秘奇妙的世界	平川陽一著	180元

•養 生 保 健• 電腦編號23

①醫療養生氣功	黃孝寛著	250元

•心 靈 雅 集• 電腦編號00

①禪言佛語看人生	松濤弘道著	180元
②禪密敎的奧秘	葉逯謙譯	120元
③觀音大法力	田口日勝著	120元
④觀音法力的大功德	田口日勝著	120元
⑤達摩禪106智慧	劉華亭編譯	150元
⑥有趣的佛教研究	葉逯謙編譯	120元
⑦夢的開運法	蕭京凌譯	130元
⑧禪學智慧	柯素娥編譯	130元
⑨女性佛教入門	許俐萍譯	110元
⑩佛像小百科	心靈雅集編譯組	130元
⑪佛教小百科趣談	心靈雅集編譯組	120元
⑫佛教小百科漫談	心靈雅集編譯組	150元

⑬佛教知識小百科	心靈雅集編譯組	150元
⑭佛學名言智慧	松濤弘道著	180元
⑮釋迦名言智慧	松濤弘道著	180元
⑯活人禪	平田精耕著	120元
⑰坐禪入門	柯素娥編譯	120元
⑱現代禪悟	柯素娥編譯	130元
⑲道元禪師語錄	心靈雅集編譯組	130元
⑳佛學經典指南	心靈雅集編譯組	130元
㉑何謂「生」　阿含經	心靈雅集編譯組	150元
㉒一切皆空　般若心經	心靈雅集編譯組	150元
㉓超越迷惘　法句經	心靈雅集編譯組	130元
㉔開拓宇宙觀　華嚴經	心靈雅集編譯組	130元
㉕真實之道　法華經	心靈雅集編譯組	130元
㉖自由自在　涅槃經	心靈雅集編譯組	130元
㉗沈默的教示　維摩經	心靈雅集編譯組	150元
㉘開通心眼　佛語佛戒	心靈雅集編譯組	130元
㉙揭秘寶庫　密教經典	心靈雅集編譯組	130元
㉚坐禪與養生	廖松濤譯	110元
㉛釋尊十戒	柯素娥編譯	120元
㉜佛法與神通	劉欣如編著	120元
㉝悟（正法眼藏的世界）	柯素娥編譯	120元
㉞只管打坐	劉欣如編譯	120元
㉟喬答摩・佛陀傳	劉欣如編著	120元
㊱唐玄奘留學記	劉欣如編譯	120元
㊲佛教的人生觀	劉欣如編譯	110元
㊳無門關（上卷）	心靈雅集編譯組	150元
㊴無門關（下卷）	心靈雅集編譯組	150元
㊵業的思想	劉欣如編著	130元
㊶佛法難學嗎	劉欣如著	140元
㊷佛法實用嗎	劉欣如著	140元
㊸佛法殊勝嗎	劉欣如著	140元
㊹因果報應法則	李常傳編	140元
㊺佛教醫學的奧秘	劉欣如編著	150元
㊻紅塵絕唱	海　若著	130元
㊼佛教生活風情	洪丕謨、姜玉珍著	220元

・經 營 管 理・電腦編號01

◎創新經營管理六十六大計（精）	蔡弘文編	780元
①如何獲取生意情報	蘇燕謀譯	110元
②經濟常識問答	蘇燕謀譯	130元

③股票致富68秘訣	簡文祥譯	100元
④台灣商戰風雲錄	陳中雄著	120元
⑤推銷大王秘錄	原一平著	100元
⑥新創意・賺大錢	王家成譯	90元
⑦工廠管理新手法	琪　輝著	120元
⑧奇蹟推銷術	蘇燕謀譯	100元
⑨經營參謀	柯順隆譯	120元
⑩美國實業24小時	柯順隆譯	80元
⑪撼動人心的推銷法	原一平著	120元
⑫高竿經營法	蔡弘文編	120元
⑬如何掌握顧客	柯順隆譯	150元
⑭一等一賺錢策略	蔡弘文編	120元
⑯成功經營妙方	鐘文訓著	120元
⑰一流的管理	蔡弘文編	150元
⑱外國人看中韓經濟	劉華亭譯	150元
⑲企業不良幹部群相	琪輝編著	120元
⑳突破商場人際學	林振輝編著	90元
㉑無中生有術	琪輝編著	140元
㉒如何使女人打開錢包	林振輝編著	100元
㉓操縱上司術	邑井操著	90元
㉔小公司經營策略	王嘉誠著	100元
㉕成功的會議技巧	鐘文訓編譯	100元
㉖新時代老闆學	黃柏松編著	100元
㉗如何創造商場智囊團	林振輝編譯	150元
㉘十分鐘推銷術	林振輝編譯	120元
㉙五分鐘育才	黃柏松編譯	100元
㉚成功商場戰術	陸明編譯	100元
㉛商場談話技巧	劉華亭編譯	120元
㉜企業帝王學	鐘文訓譯	90元
㉝自我經濟學	廖松濤編譯	100元
㉞一流的經營	陶田生編著	120元
㉟女性職員管理術	王昭國編譯	120元
㊱ＩＢＭ的人事管理	鐘文訓編譯	150元
㊲現代電腦常識	王昭國編譯	150元
㊳電腦管理的危機	鐘文訓編譯	120元
㊴如何發揮廣告效果	王昭國編譯	150元
㊵最新管理技巧	王昭國編譯	150元
㊶一流推銷術	廖松濤編譯	120元
㊷包裝與促銷技巧	王昭國編譯	130元
㊸企業王國指揮塔	松下幸之助著	120元
㊹企業精銳兵團	松下幸之助著	120元

㊺企業人事管理	松下幸之助著	100元
㊻華僑經商致富術	廖松濤編譯	130元
㊼豐田式銷售技巧	廖松濤編譯	120元
㊽如何掌握銷售技巧	王昭國編著	130元
㊿洞燭機先的經營	鐘文訓編譯	150元
52新世紀的服務業	鐘文訓編譯	100元
53成功的領導者	廖松濤編譯	120元
54女推銷員成功術	李玉瓊編譯	130元
55ＩＢＭ人才培育術	鐘文訓編譯	100元
56企業人自我突破法	黃琪輝編著	150元
58財富開發術	蔡弘文編著	130元
59成功的店舗設計	鐘文訓編著	150元
61企管回春法	蔡弘文編著	130元
62小企業經營指南	鐘文訓編譯	100元
63商場致勝名言	鐘文訓編譯	150元
64迎接商業新時代	廖松濤編譯	100元
66新手股票投資入門	何朝乾　編	180元
67上揚股與下跌股	何朝乾編譯	180元
68股票速成學	何朝乾編譯	180元
69理財與股票投資策略	黃俊豪編著	180元
70黃金投資策略	黃俊豪編著	180元
71厚黑管理學	廖松濤編譯	180元
72股市致勝格言	呂梅莎編譯	180元
73透視西武集團	林谷燁編譯	150元
76巡迴行銷術	陳蒼杰譯	150元
77推銷的魔術	王嘉誠譯	120元
7860秒指導部屬	周蓮芬編譯	150元
79精銳女推銷員特訓	李玉瓊編譯	130元
80企劃、提案、報告圖表的技巧	鄭　汶　譯	180元
81海外不動產投資	許達守編譯	150元
82八百件的世界策略	李玉瓊譯	150元
83服務業品質管理	吳宜芬譯	180元
84零庫存銷售	黃東謙編譯	150元
85三分鐘推銷管理	劉名揚編譯	150元
86推銷大王奮鬥史	原一平著	150元
87豐田汽車的生產管理	林谷燁編譯	150元

•成功寶庫• 電腦編號02

①上班族交際術	江森滋著	100元
②拍馬屁訣竅	廖玉山編譯	110元

④聽話的藝術	歐陽輝編譯	110元
⑨求職轉業成功術	陳　義編著	110元
⑩上班族禮儀	廖玉山編著	120元
⑪接近心理學	李玉瓊編著	100元
⑫創造自信的新人生	廖松濤編著	120元
⑭上班族如何出人頭地	廖松濤編著	100元
⑮神奇瞬間瞑想法	廖松濤編譯	100元
⑯人生成功之鑰	楊意苓編著	150元
⑱潛在心理術	多湖輝　著	100元
⑲給企業人的諍言	鐘文訓編著	120元
⑳企業家自律訓練法	陳　義編譯	100元
㉑上班族妖怪學	廖松濤編著	100元
㉒猶太人縱橫世界的奇蹟	孟佑政編著	110元
㉓訪問推銷術	黃靜香編著	130元
㉕你是上班族中強者	嚴思圖編著	100元
㉖向失敗挑戰	黃靜香編著	100元
㉙機智應對術	李玉瓊編著	130元
㉚成功頓悟100則	蕭京凌編譯	130元
㉛掌握好運100則	蕭京凌編譯	110元
㉜知性幽默	李玉瓊編譯	130元
㉝熟記對方絕招	黃靜香編譯	100元
㉞男性成功秘訣	陳蒼杰編譯	130元
㊱業務員成功秘方	李玉瓊編著	120元
㊲察言觀色的技巧	劉華亭編著	130元
㊳一流領導力	施義彥編譯	120元
㊴一流說服力	李玉瓊編著	130元
㊵30秒鐘推銷術	廖松濤編譯	120元
㊶猶太成功商法	周蓮芬編譯	120元
㊷尖端時代行銷策略	陳蒼杰編著	100元
㊸顧客管理學	廖松濤編著	100元
㊹如何使對方說Yes	程　義編著	150元
㊺如何提高工作效率	劉華亭編著	150元
㊼上班族口才學	楊鴻儒譯	120元
㊽上班族新鮮人須知	程　義編著	120元
㊾如何左右逢源	程　義編著	130元
㊿語言的心理戰	多湖輝著	130元
(51)扣人心弦演說術	劉名揚編著	120元
(53)如何增進記憶力、集中力	廖松濤譯	130元
(55)性惡企業管理學	陳蒼杰譯	130元
(56)自我啟發200招	楊鴻儒編著	150元
(57)做個傑出女職員	劉名揚編著	130元

㊽靈活的集團營運術	楊鴻儒編著	120元
㊿個案研究活用法	楊鴻儒編著	130元
61企業教育訓練遊戲	楊鴻儒編著	120元
62管理者的智慧	程　義編譯	130元
63做個佼佼管理者	馬筱莉編譯	130元
64智慧型說話技巧	沈永嘉編譯	130元
66活用佛學於經營	松濤弘道著	150元
67活用禪學於企業	柯素娥編譯	130元
68詭辯的智慧	沈永嘉編譯	130元
69幽默詭辯術	廖玉山編譯	130元
70拿破崙智慧箴言	柯素娥編譯	130元
71自我培育・超越	蕭京凌編譯	150元
72深層心理術	多湖輝著	130元
73深層語言術	多湖輝著	130元
74時間即一切	沈永嘉編譯	130元
75自我脫胎換骨	柯素娥譯	150元
76贏在起跑點—人才培育鐵則	楊鴻儒編譯	150元
77做一枚活棋	李玉瓊編譯	130元
78面試成功戰略	柯素娥編譯	130元
79自我介紹與社交禮儀	柯素娥編譯	130元
80說NO的技巧	廖玉山編譯	130元
81瞬間攻破心防法	廖玉山編譯	120元
82改變一生的名言	李玉瓊編譯	130元
83性格性向創前程	楊鴻儒編譯	130元
84訪問行銷新竅門	廖玉山編譯	150元
85無所不達的推銷話術	李玉瓊編譯	150元

・處世智慧・電腦編號03

①如何改變你自己	陸明編譯	120元
②人性心理陷阱	多湖輝著	90元
④幽默說話術	林振輝編譯	120元
⑤讀書36計	黃柏松編譯	120元
⑥靈感成功術	譚繼山編譯	80元
⑧扭轉一生的五分鐘	黃柏松編譯	100元
⑨知人、知面、知其心	林振輝譯	110元
⑩現代人的詭計	林振輝譯	100元
⑫如何利用你的時間	蘇遠謀譯	80元
⑬口才必勝術	黃柏松編譯	120元
⑭女性的智慧	譚繼山編譯	90元
⑮如何突破孤獨	張文志編譯	80元

⑯人生的體驗	陸明編譯	80元
⑰微笑社交術	張芳明譯	90元
⑱幽默吹牛術	金子登著	90元
⑲攻心說服術	多湖輝著	100元
⑳當機立斷	陸明編譯	70元
㉑勝利者的戰略	宋恩臨編譯	80元
㉒如何交朋友	安紀芳編著	70元
㉓鬥智奇謀（諸葛孔明兵法）	陳炳崑著	70元
㉔慧心良言	亦　奇著	80元
㉕名家慧語	蔡逸鴻主編	90元
㉗稱霸者啟示金言	黃柏松編譯	90元
㉘如何發揮你的潛能	陸明編譯	90元
㉙女人身態語言學	李常傳譯	130元
㉚摸透女人心	張文志譯	90元
㉛現代戀愛秘訣	王家成譯	70元
㉜給女人的悄悄話	妮倩編譯	90元
㉞如何開拓快樂人生	陸明編譯	90元
㉟驚人時間活用法	鐘文訓譯	80元
㊱成功的捷徑	鐘文訓譯	70元
㊲幽默逗笑術	林振輝著	120元
㊳活用血型讀書法	陳炳崑譯	80元
㊴心　燈	葉于模著	100元
㊵當心受騙	林顯茂譯	90元
㊶心・體・命運	蘇燕謀譯	70元
㊷如何使頭腦更敏銳	陸明編譯	70元
㊸宮本武藏五輪書金言錄	宮本武藏著	100元
㊹厚黑說服術	多湖輝著	90元
㊺勇者的智慧	黃柏松編譯	80元
㊼成熟的愛	林振輝譯	120元
㊽現代女性駕馭術	蔡德華著	90元
㊾禁忌遊戲	酒井潔著	90元
㊾摸透男人心	劉華亭編譯	80元
㊿如何達成願望	謝世輝著	90元
54創造奇蹟的「想念法」	謝世輝著	90元
55創造成功奇蹟	謝世輝著	90元
56男女幽默趣典	劉華亭譯	90元
57幻想與成功	廖松濤譯	80元
58反派角色的啟示	廖松濤編譯	70元
59現代女性須知	劉華亭編著	75元
61機智說話術	劉華亭編譯	100元
62如何突破內向	姜倩怡編譯	110元

國立中央圖書館出版品預行編目資料

厚黑說服術／多湖輝著；鐘文訓譯
—初版—臺北市；大展，民83
面；　公分--（實用心理學講座；11）
譯自：說得の心理技術
ISBN 957-557-468-0（平裝）

1.口才

192.32　　　　83008099

原書書名：說得の心理技術
原出版社：株式會社 ごま書房（Japan）

ISBN 957-557-468-0

厚黑說服術

原著者／多　湖　輝
編譯者／鐘　文　訓
發行人／蔡　森　明
出版者／大展出版社有限公司
社　址／台北市北投區（石牌）
致遠一路二段12巷1號
電　話／（02）8236031・8236033
傳　眞／（02）8272069
郵政劃撥／0166955－1
登記證／局版臺業字第2171號

承印者／高星企業有限公司
裝　訂／日新裝訂所
排版者／千賓電腦打字有限公司
電　話／（02）8836052
初　版／1994年（民83年）10月
2　刷／1996年（民85年）7月
定　價／150元

大展好書 好書大展